MÉMOIRES

SUR

LES RELATIONS POLITIQUES

DES PRINCES CHRÉTIENS,

ET PARTICULIÈREMENT

DES ROIS DE FRANCE,

AVEC LES EMPEREURS MONGOLS,

SUIVIS

DU RECUEIL DES LETTRES ET PIÈCES DIPLOMATIQUES DES PRINCES TARTARES, ET ACCOMPAGNÉS
DE PLANCHES QUI CONTIENNENT LA COPIE FIGURÉE DE DEUX LETTRES ADRESSÉES PAR LES
ROIS MONGOLS DE PERSE À PHILIPPE-LE-BEL ;

Par M. ABEL-RÉMUSAT.

A PARIS,

DE L'IMPRIMERIE ROYALE.

1824.

SECOND MÉMOIRE.

RELATIONS DIPLOMATIQUES des Princes chrétiens avec les Rois de Perse de la race de Tchinggis, depuis Houlagou, jusqu'au règne d'Abousaïd.

CE fut au moment où l'enthousiasme qui, depuis deux siècles, ne cessoit d'entraîner les Occidentaux en Asie, étoit sur le point de s'éteindre pour jamais, que les Mongols, mal informés de ces dispositions, tentèrent de vains efforts pour le ranimer. Les ambassades qu'ils envoyèrent, dans cette vue, aux princes de l'Europe, vont être l'objet de nos recherches dans ce second Mémoire. Nous ne devons pas être surpris de voir les Tartares solliciter, dans des contrées lointaines, des alliances que les pays voisins ne pouvoient leur offrir. Les Égyptiens se trouvoient en état de soutenir leurs efforts même joints à ceux des princes de Géorgie, d'Arménie et de Cilicie, alliés ou plutôt vassaux des Mongols. Houlagou ne pouvoit compter sur des services bien actifs de la part des rois musulmans qui reconnoissoient son autorité. Les Seldjoucides d'Iconium et de Sébaste, Bedreddin Loulou, prince de Moussoul, les émirs qui occupoient les montagnes des Curdes, les Ortokides de Mardin et d'Hisn-kaïfa, tous ces princes, partisans de l'islamisme, et disposés plutôt pour les Mamelouks qu'en faveur des Mongols, étoient des ennemis cachés, plus dangereux peut-être que ceux contre lesquels on les forçoit à combattre. Damas, Alep, Hamah,

L

Émesse, obéissoient à des princes de la race de Saladin, vassaux des Baharites. Il n'y avoit donc en Asie que les croisés qui pussent, non par leurs propres forces, mais par celles qu'on les croyoit en état d'appeler en Syrie, procurer aux Tartares d'utiles auxiliaires. Leurs possessions, réduites à la côte qui s'étend d'Antioche à Ptolémaïs, ne pouvoient les faire considérer comme une grande puissance ; mais le souvenir de leurs exploits n'étoit pas effacé. Une croisade nouvelle pouvoit en un instant réparer toutes leurs pertes, et c'est pourquoi les Mongols, et plus encore les chrétiens orientaux, la souhaitoient avec ardeur.

Le vendredi 25 du 9.ᵉ mois, 658 [1260].

Aboul-feda, l. IV, p. 597.

La victoire que le sultan d'Égypte avoit remportée sur Ketbouga, à Aïn Djalout [fontaine de Goliath], dans le territoire de Damas, contribua sans doute à faire sentir à Houlagou les avantages qu'il pouvoit attendre de l'alliance des chrétiens. En effet, à peine en eut-il reçu la nouvelle, qu'il rassembla une armée, convoqua ses vassaux, les rois d'Arménie et de Géorgie, et envoya même auprès de plusieurs autres chrétiens d'Orient (1), c'est-à-dire, des Francs, pour qu'ils eussent à marcher contre le sultan d'Égypte et les autres musulmans. Il est difficile d'imaginer quelle eût été l'issue de cette expédition, à laquelle la mort d'Houlagou vint mettre obstacle. Les Francs se flattoient au moins que, dans le cas où elle eût réussi, la Terre-sainte leur eût été aban-

---

(1) *Et misit ad regem Armeniæ, et ad regem Georgiæ, et ad alios christianos partium Orientis, ut venirent parati contra soldanum Ægypti et alios Sarracenos.* (Hayt. c. XXXI.) Suivant une lettre rapportée par Raynaldi (1260, XXX), et citée par Jér. Surita (liv. II, pag. 148) ; Houlagou envoya un certain Jean, Hongrois, au pape Urbain IV. *Voyez* ci-dessus, *pag. 73.*

donnée par les Tartares, qui n'auroient fait aucune difficulté pour leur en confier la garde, à cause de l'extrême
chaleur de ces contrées, à laquelle ils ne pouvoient s'ac-
coutumer. Ils espéroient aussi être exempts de tributs et
de redevances, comme les chrétiens d'Arménie et de Géorgie : mais on ne leur eût sans doute accordé les mêmes
faveurs qu'aux mêmes conditions, c'est-à-dire qu'ils eussent
été obligés de reconnoître le pouvoir du khan, et de le
suivre à la guerre, dans quelque partie de ses états qu'il
eût voulu porter ses armes.

Son successeur Abaga, quoique attaché au culte des
idoles, suivit, dans ses liaisons avec les chrétiens, la
marche qu'Houlagou lui avoit tracée. Celui-ci avoit de-
mandé en mariage, peu de temps avant sa mort, une fille
de l'empereur Michel Paléologue, et l'empereur lui avoit
accordé Marie, sa fille bâtarde, dont la mère étoit de la
famille Diplovatatsi. Théodose de Villehardouin, abbé du
monastère de Pantocrator, frère du prince de l'Achaïe et du
Péloponnèse [a], ou, selon d'autres, Euthymius, patriarche
Grec d'Antioche [b], fut chargé de la conduire au roi des
Tartares. Quand la princesse fut arrivée à Césarée, elle
y apprit la mort d'Houlagou : mais on ne lui permit pas
de s'en retourner ; et l'alliance projetée s'étant accomplie
en la personne d'Abaga, Marie devint souveraine, ou,
comme dit Pachymère en parlant, dans une occasion semblable, d'une princesse Grecque, femme d'Œldjaïtou (1),
despœna des Mongols. Cela n'eût peut-être pas été pour

Hayt. cap. XXXII.

[a] *Pachym. l. III, c. III.*
Du Cange, Fam. Byzant. p. 235.

[b] *Aboulfaradj. Chron. Syriac. pag. 567.*

Pachym. et Aboulfar. ll. citt.
Hist. Andronic. l. VII, c. XXV, et XXXIII.

(1) *Voyez* ci-dessous, *pag. 149.*
Les deux négociations dont il s'agit
offrent tant d'analogie, que je crois
utile, pour éviter la confusion, de

placer ici les passages de Pachymère
qui s'y rapportent.

Τῷ μὲν Χαλαῦ μετὰ τῦ μοναχῦ ἢ ἱερέως
πρίγκιπος ἐξεδῦ τὴν ἐκ τῆς Διπλοϐα-

ce prince une raison suffisante de se joindre aux Occidentaux : mais le sultan d'Égypte, empressé de venger sur
les chrétiens les maux qu'ils avoient attirés aux musulmans, avoit, sans perdre de temps, attaqué le roi d'Arménie, après avoir mis le siége devant Antioche. Ainsi
l'un des vassaux du roi des Mongols, et la plus puissante
des principautés fondées par les croisés, se trouvoient
menacés en même temps, et le danger commun faisoit
un devoir aux deux nations de se réunir. Les effets de la
division de l'empire commençoient d'ailleurs à se faire
sentir. Non-seulement les princes Mongols de Perse ne
disposoient pas, comme souverains, de forces égales à
celles dont ils avoient précédemment eu le commandement comme généraux, mais les royaumes qui avoisi-
noient leurs états à l'orient et au nord, quoique soumis
à des rois issus comme eux de la race de Tchinggis, loin
d'être, ainsi qu'autrefois, leurs auxiliaires, commencèrent

τατζίνης ἐκ νοθείας παῖδα Μαρίαν· καὶ
ὁ σείγκιψ, ἀρχιμανδρείτης ὢν τότε τῆς τῶ
Παντοκράτορος μονῆς, ὑπὸ μεγάλαις φαν-
τασίαις τε ᾗ ἀρετῆσι σννάμα ᾗ πλȣ́τῳ
σανλοδαπῷ τὴν κόρην ἐκόμιζεν.... κἂν τῷ
Χαλαȣ̑ ἐξ ἀνθρώπων γεγονότος σφεὶν ἐκεί-
νȣς φθάσαι, ἢ κόρη τῷ υἱῷ ἐκείνȣ Ἀπαγᾶ,
διαδόχῳ γε τῆς ἀρχῆς καταλειφθέντι, ἐν
ὑστέρῳ φθάσασα, ὠνηρμόζετο. (Pachym.
Hist. Michaël. lib. III, cap. III,
p. 116.) Ὁ γὰρ Βασιλεὺς (Michel
Paléologue) τῷ σφὸς Τοχάρȣς κῆδȣς
δεύτερα πάντα τὰ τȣ̑ Σȣλτὰν τιθέμενος,
τὸν μὲν Τοχάρων ἄρχοντα Χαλαȣ̑, τὸ ἐκ
σπερμάτων σκοπίων θυγάτριον τὴν Μαρίαν
πέμπων, κηδεύει· εἰ ᾗ τȣ́τȣ ἐν τοσȣ́τῳ
ἐξ ἀνθρώπȣ γεγονότος, ὁ Ἀπαγᾶς, ἀδελ-

φὸς ὢν ἐκείνȣ ἐπὶ τῆς ἀρχῆς πεπαγμένος,
τὴν Μαρίαν ἠγάγετο (Pachym. Hist.
Andron. lib. VII, cap. XXII, p. 426.)
Τὸ δὲ σφὸς τὸν Χαρμπανἰὰν κῆδος καὶ
λίαν ἐξηπτοιμάζετο· καὶ τὰ τῆς Νικαίας
μέρη κακούμενα πυνθανόμενος, τὴν οἰκείαν
αὐταδέλφην Μαρίαν, τὴν ᾗ δέσποιναν τῶν
Μουγρυλίων θρυλλημένην, σννάμα λαῷ τῷ
ἀρκȣ̑ντι πέμπει σφὸς Νίκαιαν. Ἀπήγγειλε
δὲ ᾗ αὐτὴν καθημένην τῇδε, καθισάνειν
τὸ σφὸς τῶν Χαρμπανίᾶν κῆδος, ᾗ τὰ τῶν
Περσῶν δ᾽ ἁλαγωγεῖν, ὡς οἷόν τε, σράγ-
ματα (Ib. cap. XXV, p. 433.) Ἡ αὐ-
ταδέλφη τȣ̑ Βασιλέως Μαρία, ᾗ τῶν Μουγρυλίων ȣ̔́τω πως δέσποινα ὀνομαζομένη κ.
τ. λ. (Ib. cap. XXXIII, p. 444.)

à reconnoître des intérêts opposés aux leurs. Le sultan d'Égypte sut exciter contre eux la jalousie des khans du Kaptchak, et conclut avec ceux-ci un traité par lequel ils s'engageoient à entrer sur les terres d'Abaga, toutes les fois que ce dernier voudroit attaquer les Égyptiens. Pour balancer l'effet de cette alliance, Abaga écrivit au pape une lettre qu'il lui envoya par un ambassadeur. A cette époque, on avoit déjà reçu à Rome plusieurs lettres sous le nom du prince des Tartares : mais, comme elles étoient écrites en latin (1), on peut supposer qu'elles ne venoient pas directement d'Abaga, et qu'elles étoient l'ouvrage de quelques chrétiens d'Orient, qui les avoient rédigées par ses ordres, ou peut-être même sans sa participation. Quoi qu'il en soit, celle qui vint en 1267, étoit écrite en mongol. Il ne se trouva à Rome personne en état de la lire, et le pape fut obligé de s'en tenir à ce que l'envoyé chargé de la remettre voulut dire de son contenu. C'est ce qui explique comment le pape, répondant au prince Tartare, paroît persuadé de son entière conversion, et de la part qu'Abaga, disoit-on, avoit prise à la victoire remportée sur Mainfroi par Charles d'Anjou. Nous avons vu, par le témoignage d'Hayton lui-même, qu'Abaga n'étoit point chrétien; et la défaite de Mainfroi, qui intéressoit si fort le saint-siége, n'étoit pas un événement qui dût sembler d'une haute importance au roi de Perse. Ces deux points furent vraisemblablement introduits dans la lettre par celui qui se chargea d'en faire la traduction, et pour les mêmes motifs qui avoient produit les inter-

Sanut. l. III, part. XIII, cap. VIII.

Cf. Sanut. Secr. fidel. cruc. l. III, part. XIII, cap. VIII, p. 238.

(1) *Nec tu, sicut alias feceras,* | (Epist. Clem. IV ad Elchanum Apa-
in lingua Latina scripseras nobis, &c. | cha. — Oder. Rayn. 1267, LXX.)

polations de même genre que nous avons déjà fait remarquer. Du reste, Abaga manifestoit l'intention d'aller
avec son beau-père (Michel Paléologue) au secours des
chrétiens contre les Sarrasins, et demandoit au pape de
lui indiquer la route que les rois d'Occident devoient
choisir pour l'expédition qu'ils projetoient, afin de pouvoir
prendre ses mesures en conséquence. Nous avons lieu de
croire, par des documens postérieurs, que cette demande
et ces propositions n'étoient pas l'œuvre de l'envoyé, et
qu'elles se trouvoient effectivement dans la lettre du prince
Tartare. Cette pièce existe peut-être encore dans les archives pontificales; il seroit à desirer qu'on pût l'en tirer,
et qu'elle fût enfin lue pour la première fois, près de six
cents ans après l'époque où elle a été écrite.

A cela le pape répondit qu'en effet S. Louis et Thibaud
roi de Navarre avoient rassemblé un nombre prodigieux
de barons et de soldats, et pris la croix pour entreprendre
le voyage de la Terre-sainte ; que leur exemple alloit être
suivi dans plusieurs autres contrées, afin d'exalter le nom
du Christ et d'éteindre la puissance des Sarrasins, leur
secte et jusqu'à leur nom. Quant au chemin que les princes
chrétiens se proposoient de prendre, c'étoit une chose
qu'il ne pouvoit faire connoître avant d'avoir consulté les
deux rois ; mais Clément IV annonce qu'il va leur faire
savoir l'intention d'Abaga et de son beau-père, pour qu'ils
puissent délibérer sur le meilleur parti à prendre, et qu'il
s'empressera de notifier leur détermination au roi Tartare
Annal. eccl. par un envoyé digne de confiance. La lettre du pape est
1267, l. LXX, datée de Viterbe, en 1267.
LXXI.

Il n'est guère possible de douter que Clément IV ait

effectivement rempli cette promesse en faisant part des
offres d'Abaga au roi de France et à celui de Navarre,
et vraisemblablement aussi à celui d'Angleterre. Nous
n'en trouvons pas la preuve écrite dans les chroniques
du temps: mais nous voyons, quelque temps après, qu'on
donna suite à cette négociation dans d'autres pays. Les
ambassadeurs de Michel Paléologue et du grand khan,
roi des Tartares, viennent, en 1269, trouver à Valence
Jacques roi d'Aragon. Suivant un historien, ces deux
princes n'étoient encore connus du roi par aucune relation
antérieure de guerre ou de paix; on soupçonna même
qu'en envoyant solliciter le roi d'entreprendre une expédition dans la Terre-sainte, ils n'étoient pas mus par
un motif de piété, mais plutôt par l'espoir de chasser
des ennemis domestiques et d'assurer leur vengeance (1).
Mariana contredit cet historien sur presque tous les points.
Selon lui, Jacques avoit déjà reçu précédemment une
autre ambassade des Tartares, et il leur avoit, à cette
occasion, dépêché un certain Jean Alaric, natif de Per-
pignan, dans la compagnie duquel les nouveaux ambassadeurs se présentèrent au roi d'Aragon. Ceux-ci lui pro-
mirent, au nom de leur roi, toute sorte de secours, s'il
vouloit prendre les armes et joindre ses forces à celles
des autres princes. Les ambassadeurs se reposèrent à
Barcelone : mais Alaric passa à Tolède, et, ayant été

Hier. Surita, l. II, Cæs. Au-gust. 1578, pag. 148.

(1) *Hæc cùm Orientis finibus per-vulgarentur, à Michaële rege Romano-rum imperatore, Duca, Angelo, Com-neno, Palæologo, qui neque bello neque pace ántea regi cognitus erat, et magno chaan Tartarorum rege (quos non piâ causâ commotos apparuit, sed quòd domesticos hostes externo se bello aver-tere et ulcisci posse arbitrarentur), legati Valentiæ regem convenerunt, et de expeditione sacra Hierosolymi-tana à rege obeunda transigunt. L. c.*

admis devant une junte des principaux du pays, il y rendit un compte détaillé de ce qu'il avoit vu, et du sujet de l'ambassade. Le roi Jacques, malgré son grand âge, se détermina à aller à la guerre. Son gendre D. Alfonse et la reine de Castille cherchèrent à le détourner de ce projet, en alléguant la déloyauté des Grecs et la férocité des Tartares : mais leurs prières et leurs larmes furent inutiles (1); le roi Alfonse s'engagea à fournir des subsides. Michel Paléologue avoit offert par ses ambassadeurs des vaisseaux et des vivres. Mais on sait quelle fut l'issue de cette entreprise du roi d'Aragon, qui fut jeté par la tempête à Aigues-mortes, et contraint de retourner dans ses états.

L. de Mayerne Turquet, Hist. génér. d'Espagn. Paris, 1608, liv. XII, p. 486.

Peut-être eût-il mieux valu pour les Occidentaux de suivre les ouvertures d'Abaga. La funeste expédition de Tunis (1270), à laquelle les Mongols ne pouvoient nullement concourir, fit perdre aux croisés l'occasion d'une alliance avantageuse à leur cause. Le seul Édouard,

(1) *En particular, embiò al rey de Aragon, en compañia de Juan Alarico, natural de Perpiñan (al qual el rey antes mouido per otra embaxada, despachò para que fuesse a los Tartaros) nuevos embaxadores, que, en nombre de su rey, prometian todo favor, si se persuadiesso de tomar las armas y juntar en uno con allos las fuerças. Estos embaxadores repararon en Barcelona. Alarico passo a Toledo, y, en una junta de los principales, dio larga cuenta de lo que vio y de todo embaxada. Palabras y razones con que los animos de los principes no de una manera se movieron. El rey don Iayme so deter-* *mino ir a la guerra maguer que era de tanta edad. Don Alonzo su yerno, y la reyna, alegouan la deslealtad de los Griegos, la fiereza de los Tartaros: todo con intento de quitalle de aquel proposito, para loqual usavan y se valian de mucho ruegos y aun de lagrimas que sa darramanan sobre el caso. (Marian. Madr. 1635, tom. I, pag. 655.) — Cf. D. Martin Fernandez de Navarrete, Dissertacion historica sobre la parte que tuviéron los Españoles en las guerras de ultramar, &c. dans les Memor. de la real Academia de la historia, Madrid, 1817, tom. V, pag. 75.*

fils

fils aîné du roi d'Angleterre, se rendit directement dans
la Terre-sainte, où son arrivée ne produisit pas un effet
capable de changer la face des affaires. D'un autre côté,
Abaga, retenu par des guerres éloignées contre les Mongols
du Tchakhataï, ne put même secourir le roi d'Arménie,
qui se vit forcé de traiter avec le sultan d'Égypte pour
sauver ses états et obtenir la liberté de son fils, pris dans
un combat contre les musulmans.

Mais, quand Abaga eut terminé les affaires qui l'avoient
appelé dans les parties orientales de son empire, il se
hâta de venir à la rencontre du sultan d'Égypte, qui étoit
entré dans la Turquie, c'est-à-dire, dans l'Asie mineure,
et dont l'approche avoit fait révolter un général musulman nommé *Berouana.* C'est à cette époque (1269) que
Deguignes place une ambassade d'Abaga aux princes chré- *Hist. des Huns,*
tiens, et notamment à S. Louis, à Charles roi de Sicile, et *tom. IV, p. 260.*
à Jacques roi d'Aragon. Sans doute il a jugé peu vrai-
semblable que le roi de Perse, occupé dans la Transoxane,
ait songé à une alliance avec les Francs, avant l'époque
où il revint faire la guerre dans l'Occident. Peut-être aussi
le savant académicien a-t-il été trompé par l'époque où
les envoyés Tartares arrivèrent en Aragon. Il est bien
certain, par la lettre du pape, qui les reçut le premier, et
qui, vraisemblablement, les adressa aux autres princes
chrétiens, que cette ambassade arriva en 1267, quand on
se préparoit en Europe à la croisade de la Terre-sainte
et de l'Afrique, et au temps où Abaga marchoit contre les
Mongols du Tchakhataï. La lettre de Clément IV, rapportée précédemment, ne peut laisser aucun doute à cet égard,
et nous savons d'ailleurs que l'ambassadeur des Tartares,

M

accompagné d'un envoyé de Constantinople, débarqua

Appendix. n. X,
pag. 16 du tome
II du Codex
diplomat.
C. XXXV, cd.
Mull. pag. 52.

en 1268 à Barcelone, où tous deux venoient pour traiter avec le roi Jacques.

Si l'on en croit Hayton, Abaga offrit au roi d'Arménie le royaume de Turquie, d'où il venoit de chasser les Syriens, pour reconnoître la fidélité que son père et lui avoient toujours montrée aux Tartares; mais Léon eut la sagesse de refuser ce dangereux présent, qui n'auroit fait qu'irriter contre lui les sultans d'Égypte. Il eut soin seulement d'engager le prince Mongol à ne donner désormais d'autorité en Turquie à aucun musulman, disposition dont la révolte de Berouana venoit de faire sentir la nécessité aux Mongols. Il demanda aussi qu'Abaga voulût bien contribuer à la délivrance de la Terre-sainte. Le prince Tartare accepta cette proposition conforme à sa politique actuelle, et envoya de nouveaux ambassadeurs au pape et aux autres seigneurs et princes chrétiens, pour s'entendre avec eux sur l'expédition projetée.

Ces envoyés, au nombre de seize, arrivèrent à Lyon au commencement de 1274, dans le moment où l'on alloit tenir le concile général, dont un des objets étoit d'aviser aux moyens de secourir les Francs d'Orient contre les musulmans. Grégoire X, qu'ils étoient venus trouver de la part d'Abaga, s'empressa d'annoncer à celui-ci leur arrivée et le bon accueil qu'on leur avoit fait, ainsi que la mort de l'un d'entre eux; il lui manda aussi qu'il avoit lu les lettres dont ils étoient porteurs, et qu'avant l'époque où l'armée chrétienne prendroit le chemin d'outre-mer, il lui renverroit des ambassadeurs chargés de lui fournir les informations qu'il desiroit. Les envoyés Tartares furent

introduits dans le concile, à la quatrième session, le
6 juillet 1274. Le pape les fit asseoir vis-à-vis de lui,
aux pieds des patriarches. On donna lecture des lettres
qu'ils apportoient, apparemment sur la version qu'ils
en avoient faite eux-mêmes. A la session suivante (le
16 juillet), celui des ambassadeurs qui étoit chargé de
porter la parole, et deux Tartares des plus distingués,
furent baptisés par Pierre de Tarentaise, cardinal d'Ostie
(depuis Innocent V) : le pape leur fit présent de robes
précieuses (1). Ce fut là tout le fruit de cette ambassade
solennelle ; car, malgré les progrès toujours croissans des
musulmans, les pertes des croisés et les exhortations
des pontifes, trop de soins occupoient alors les princes
d'Europe, pour qu'ils songeassent sérieusement à tirer
parti de l'alliance des Tartares. Le roi d'Angleterre, à qui
la lettre d'Abaga qui lui étoit destinée, fut remise par le
frère David, chapelain et familier de Thomas, patriarche
de Jérusalem et légat du saint-siége, se contenta d'en
accuser la réception par sa réponse en date du 26 janvier
1274 [1275], et de faire au roi Mongol des complimens
sur sa prétendue conversion au christianisme et sur ses
bonnes intentions à l'égard de la Terre-sainte.

Act. Rymer, tom. II, p. 43.

    Deux ans après, sous le pontificat de Jean XXI,
deux nouveaux envoyés du roi Tartare arrivèrent à Rome ;

_____

(1) *Initiatus est sacris baptisma-
libus Abaghæ orator unà cum duobus
prænobilibus Tartaris à Petro cardi-
nale episcopo Ostiensi... paulò ante
sessionis quintæ celebritatem : quos
Gregorius pretiosissimis vestibus do-
navit.* (Hist. concil. Lugd. II, t. III, part. II. — Oder. Rayn. 1274, XXII.)
— *Nuncii autem dictorum Tartaro-
rum in præsentia dicti concilii bapti-
zati exstiterunt, et fidem catholicam
ipsi expressè confessi fuerunt.* (Amalr.
Auger. *de Greg. X,* apud Murator.
Script. Ital. tom. III, part. I, p. 425.)

M 2

ils se nommoient *Jean Vassalli* et *Jacques Vassalli*. Ils
n'étoient pas Tartares de naissance ni de mœurs, mais
Géorgiens et chrétiens. Admis dans l'assemblée des cardinaux, ils exposèrent le sujet de leur mission, en partie
de vive voix, et en partie d'après les lettres qu'ils avoient
entre les mains. C'étoient toujours les mêmes offres de la
part d'Abaga, qui s'engageoit à secourir l'armée des chrétiens, si elle vouloit passer en Syrie, et à lui fournir toutes
les provisions dont elle auroit besoin.

Sans doute, Jean XXI et son successeur Nicolas III
ne voulurent pas prendre sur eux de donner une réponse
positive aux ambassadeurs d'Abaga, et ce fut par ce motif
qu'ils les engagèrent à aller s'assurer par eux-mêmes des
dispositions des rois chrétiens. Ainsi, de même que les
précédens envoyés Tartares s'étoient rendus en Aragon
et en Castille pour exciter les princes de l'Espagne à
venir faire une expédition en Syrie, ceux-ci passèrent en
France et en Angleterre, mus par une intention semblable,
et avec une perspective de succès plus apparente. Quand
ils furent arrivés à la cour de Philippe III, ils lui dirent,
de la part du roi des Tartares, que si lui roi de France,
qui avoit pris la croix, se proposoit de passer à Acre pour
marcher en Syrie contre les Sarrasins, leur seigneur lui
promettoit le secours et l'aide de sa nation (1). Guillaume
de Nangis, qui rapporte ce fait, dit aussi qu'on eut quel-

*Epist. Nicol. III
ad Abagam, in
Oder. Rayn.
1277, liv. XV.
Mosh. Hist.
Tart. ecclesiast.
pag. 67.*

*Guill. Nang.
Gest. Phil. III,
apud Andr. Du-
chesne, tom. V,
pag. 535.*

(1) Au temps qui estoit de l'incarnation Nostre-Seigneur 1276, vinrent
message de par les Tartaires au roi
Phelypon de Franche, qui li disent
que li rois des Tartaires li mandoit
que se il voloit aller es parties d'Orient
contre les Sarrasins, il li aideroit.
(Chron. man. de la Bibl. du Roi,
n.° 939, pag. 409 *verso. Chron. de
Saint-Denys*, tom. II.) — Dans ce dernier ouvrage, le roi des Tartares est
encore qualifié de *roi de Tharse.*

que doute si ces envoyés n'étoient pas plutôt des espions ;
car ils n'étoient pas Tartares, mais Géorgiens, nation qui
est tout-à-fait soumise aux Tartares. C'est par erreur que
la Chronique de Saint-Denis les fait *Grégeois* ou Grecs, et
non Géorgiens. Quoi qu'il en soit, le roi les fit conduire
à l'abbaye de Saint-Denis, où ils célébrèrent la fête de
Pâques, en se conduisant en tout comme de vrais chrétiens. Mais cette circonstance, qui paroît avoir éveillé
dans le temps la défiance des esprits soupçonneux, n'a
rien qui doive nous surprendre, depuis que nous avons
rassemblé les autres faits du même genre qui font voir le
rôle joué dans ces négociations par les Géorgiens et les
autres chrétiens Orientaux.

Je ne dois pas passer sous silence une difficulté relative
à l'époque de l'arrivée de ces ambassadeurs à Rome, et de
leur voyage à la cour de France. Il est certain, par la
lettre de Nicolas III, qu'ils étoient venus à Rome sous le
pontificat de Jean XXI, c'est-à-dire, au plus tôt, le 13 septembre 1276 ; et, d'un autre côté, Guillaume de Nangis
nous apprend qu'ils vinrent en France au carême de la
même année, et la Chronique de Saint-Denis, qu'ils passèrent les fêtes de Pâques dans l'abbaye de Saint-Denis.
On ne peut supposer que le pape se soit trompé sur la date
d'un événement aussi notoire du règne de son prédécesseur.
Il n'est pas très-probable que le chroniqueur de Saint-
Denis ait commis une méprise d'une année entière sur un
fait qui avoit pu se passer sous ses yeux ; et cependant il
est encore moins vraisemblable que les envoyés Tartares
aient passé par la France pour se rendre en Italie, comme
il faudroit le supposer, s'il avoit dû s'écouler six mois au

moins depuis leur réception à Rome jusqu'à leur arrivée
à Saint-Denis : mais cette difficulté n'est qu'apparente ;
et si l'on se rappelle que , dans ce temps, le commencement de l'année en France étoit fixé aux fêtes de Pâques,
on concevra comment les *Vassalli,* étant venus à Rome sous
le pontificat de Jean XXI, après le 13 septembre 1276,
et ayant passé en France à l'époque du carême, quand
on y comptoit encore 1276, célébrèrent à Saint-Denis
les fêtes de Pâques du commencement de 1277.

Ces envoyés passèrent ensuite en Angleterre, pour faire
au roi Édouard les mêmes propositions qu'ils avoient faites
à Philippe-le-Hardi (1). On ne voit aucune mention de
leur voyage dans les écrivains Anglais que j'ai pu consulter.
Je ne sais s'il resteroit quelque espoir de retrouver dans les
archives de ce royaume les pièces diplomatiques dont ils
devoient être chargés. Il est probable que les ambassadeurs
ne durent pas les laisser à la cour de France, parce que
ces sortes de pièces, adressées en général aux rois des
Francs, étoient pour eux comme des lettres de créance
universelles, qu'ils devoient porter avec eux dans tous les
pays qu'ils parcouroient , et présenter à tous les princes
dont ils alloient solliciter l'alliance. C'est ce qui est arrivé
plus tard à l'original de la lettre de Mirza Miranschah,
adressée aux souverains et aux républiques de l'Europe,
et qui, avant d'être apportée à Charles VI, avoit été com-
muniquée aux sénats de Gènes et de Venise , et fut vraisemblablement gardée par l'archevêque de Sultaniyeh, qui
en étoit porteur.

Mem. sur une
Corresp. inéd.
de Tamerlan,
dans les Mém.
de l'Académie ,
tom. VI, p. 520.

(1) Quant ilz eurent seiourné en | qu'ilz avoient dit au roy de France.
France longtems, ilz sen allerent au | *(Chron. de Saint-Denys.)*
roy d'Angleterre, et lui dirent ce |

L'une des circonstances du récit des envoyés qui pouvoient, avec leur qualité de Géorgiens, inspirer quelques
doutes sur leur sincérité, c'est cette fable perpétuelle de
la conversion du grand khan, qu'à l'exemple de leurs de-
vanciers ils avoient racontée à Rome, devant le pape et
les cardinaux. Suivant eux, Quobley ou Khoubilaï, maître
suprême de tous les Tartares, avoit reçu le baptême, et il
desiroit que le saint-siége lui envoyât des hommes con-
sommés dans la connoissance des choses divines pour
instruire ses enfans dans la religion. C'étoit sans doute
ce que ces négociateurs avoient imaginé de plus propre
à leur concilier la bienveillance de la cour pontificale,
et la répétition de ce conte n'en détruisoit pas toujours
l'effet près de ceux qui avoient intérêt d'y croire. On n'a
pourtant aucune raison de penser qu'il ait eu le plus lé-
ger fondement. Je ne veux pas dire que des missionnaires
chrétiens, égarés au bout de l'Asie, n'aient pu recevoir
quelque accueil de la part du grand khan, occupé de rechercher tous les moyens de civiliser sa nation encore
sauvage, et qui, dans cette vue, admettoit avec un égal
empressement tous les religieux étrangers, quelles que
fussent leur patrie et leur croyance. Mais il est certain
que, dès l'an 1260, Khoubilaï avoit pris son parti sur
le choix de la religion qu'il vouloit faire embrasser à ses
sujets. A l'exemple des anciens rois des Indes, de plusieurs princes Tartares, et des empereurs Chinois de la
grande dynastie des *Thang*, il avoit créé un pontife
sous le titre de *maître du royaume*, et il avoit honoré de
cette charge un jeune religieux bouddhiste, Tibétain de
nation, et qui, depuis sept ans, avoit su capter sa bien-

Strab. lib. XV.

*Journal des Sa-
vans, janvier
1821, pag. 15.*

veillance. C'est par ce religieux, dont la famille exerçoit depuis dix générations la charge de grand prêtre auprès des rois du Tibet, que fut continuée la succession des anciens patriarches bouddhistes, et que commença celle des grands lamas. C'est aussi depuis lui que le lamisme, ou bouddhisme réformé, est devenu la religion commune à tous les Mongols. Or l'histoire nous apprend que cette adoption d'un culte nouveau fut, pour Khoubilaï, une affaire de politique plutôt que de persuasion. Ainsi l'on ne sauroit supposer qu'il eût voulu, peu d'années après, détruire les institutions qu'il avoit fondées lui-même, dans la vue d'humaniser et de policer les mœurs des Tartares. Ce seroit mal connoître les idées des Chinois, ces idées que Khoubilaï avoit puisées dans son éducation, que de s'imaginer que la conviction entre pour quelque chose dans les opinions religieuses que leurs princes professent. Et quand il seroit prouvé que Khoubilaï auroit été baptisé, comme l'assuroient les deux *Vassalli*, on ne pourroit en conclure qu'il étoit chrétien, mais seulement qu'il avoit voulu joindre une cérémonie de plus à celles qu'il pratiquoit indifféremment avec les *Tao-sse*, les bouddhistes et les lettrés. Tel est l'effet de l'accord que les empereurs Mongols, et de nos jours les empereurs Mandchous, ont su établir entre les principes des sectateurs de Confucius, qui n'adorent rien, et l'idolâtrie banale des polythéistes de l'Inde et de la Chine, qui adorent tout ce qu'on veut. « Il n'y a qu'une » religion, disent-ils ; les sages de chaque pays en ont fait » varier la forme, suivant les temps et les lieux. »

1278.   Quoi qu'il en soit, le pape voulut vérifier un fait si important pour l'église : il écrivit à Abaga et à Khoubilaï;

à

à celui-ci pour le complimenter sur sa conversion, à l'autre
pour le prier de procurer à ses envoyés tous les moyens
de parvenir jusqu'auprès du grand khan, et pour l'engager
en même temps à suivre l'exemple de ce dernier. Les personnes chargées de porter ces lettres furent cinq frères
mineurs, nommés *Gérard du Pré, Antoine de Parme, Jean
de Sainte-Agathe, André de Florence* et *Mathieu d'Arezzo*.
Ils devoient rester à la cour de Khoubilaï, pour y travailler
à la conversion des Mongols. Il n'est pas de notre sujet
de rechercher quel fut le succès qu'ils purent obtenir dans
cette partie de leur mission. La barbarie des Mongols,
l'indifférence des Chinois, les préventions des idolâtres,
la rivalité des Nestoriens qui avoient anciennement fait
des progrès chez les nations Tartares, l'ignorance où étoient
ces missionnaires des langues et des usages des peuples
qu'ils prétendoient attirer à la foi catholique, durent opposer les plus grands obstacles à leur zèle. Aussi, malgré la
prétendue conversion du grand khan, lorsque, dix ans
après, Jean de Montecorvino se rendit à Khan-balikh
avec les mêmes intentions, il ne trouva pas que ses de-
vanciers eussent fait de grands progrès, et il fut obligé de
travailler à cette entreprise, comme si personne ne s'en
fût occupé avant lui.

Quant au roi de Perse Abaga, auquel les chrétiens ne
cessoient d'annoncer des secours qui n'arrivoient jamais,
il finit par se décider à faire la guerre aux musulmans,
avec le concours du roi d'Arménie. Le succès de cette
guerre, où Mangou-temour, frère d'Abaga, fit perdre
par sa faute le fruit de plusieurs victoires, ne fut pas tel
qu'on auroit pu s'y attendre. Le sultan d'Égypte, loin d'en

*Voyez la
Biographie uni-
verselle, article
Montecorvino.*

N

être accablé, y puisa de plus grandes forces, avec de nouveaux motifs d'en vouloir au roi d'Arménie. Ce prince,
qui vit de nouveau ses états ravagés par les musulmans,
fut donc encore une fois victime de son attachement aux
Mongols. Abaga se préparoit à venger la défaite de son
frère et les malheurs de son allié, quand il mourut em-
poisonné. On prétend qu'ayant célébré la Pâque de l'an

Hayt. Histor.
Or. c. XXXVI.

1282 avec les chrétiens, il assista à un grand festin, où
un certain musulman lui fit prendre du poison. Les uns
ont accusé de ce crime son vizir Schamseddin ; les autres,

Hist. des Huns,
t. IV, p. 262.

son frère Ahmed, qui fut son successeur. Dans les deux
cas, l'attachement qu'Abaga montra pour la cause des
chrétiens, et peut-être l'inclination qu'il laissa voir pour
leurs dogmes, peuvent y avoir contribué, en irritant contre
ce prince la haine des partisans de l'islamisme. La lutte
entre les deux religions continuoit d'avoir lieu dans ces
contrées ; la cour des Mongols en étoit le théâtre : le gros
de la nation Mongole ne montroit que de l'indifférence
sur l'issue qu'elle pourroit avoir ; mais il n'est pas étonnant
que plusieurs de ses princes en aient été victimes.

Ahmed apporta sur le trône des dispositions trop différentes de celles de son prédécesseur, pour qu'on puisse
espérer de trouver sous son règne beaucoup de faits de
l'espèce de ceux que nous recherchons. On prétend que ce
prince avoit été baptisé dans sa jeunesse, et qu'il avoit
reçu le nom de *Nicolas*. Devenu plus âgé, il se fit musul-

Aboulféd. t. V,
pag. 62.

man, prit le nom d'*Ahmed*, le titre de *sultan*, persécuta les
chrétiens, et ruina leurs églises. Loin de donner aucune
suite aux relations que son frère avoit ouvertes avec les
papes et les rois des Francs, il voulut faire alliance avec

le sultan d'Égypte. L'ambassadeur qu'il envoya à ce prince fut le scheikh Kothbeddin Mahmoud de Schiraz, alors kadhi de Sébaste : il partit avec plusieurs autres musulmans de distinction et une suite nombreuse. Nous savons par Aboulféda, que le sultan d'Égypte, apparemment mal informé des circonstances de ce changement, reçut avec beaucoup de défiance les envoyés du nouveau converti. Quoique la relation de cette ambassade s'éloigne un peu du sujet de ce Mémoire, j'en rapporterai les principales circonstances d'après l'extrait que m'a donné M. Saint-Martin, d'un manuscrit Arabe où elles sont rapportées avec les lettres du roi des Mongols et du sultan d'Égypte. Quand les envoyés d'Ahmed arrivèrent à Birah, le sultan, qui en fut informé, envoya ordre à ses lieutenans de les surveiller, pour que personne du peuple de Dieu ne les vît et ne pût converser avec eux. On les fit entrer de nuit à Alep, si secrètement que personne n'en sut rien ; ils se rendirent ensuite à Damas, et de là au Caire, où ils entrèrent aussi de nuit. Ils furent présentés au sultan, baisèrent la terre devant lui, lui remirent leurs lettres, et lui dirent ce qu'ils étoient chargés de lui transmettre de vive voix. La lettre qu'ils avoient apportée, et dont le contenu est donné par Aboulfaradje, offroit quelques particularités qui furent remarquées par les musulmans. Il paroît qu'elle étoit écrite en arabe, en très-gros caractères, sans cachet, marquée de treize خ‍‌‍ـ‌ـ‍ـﺐ *tamghas* ou sceaux. Nous aurons bientôt à rendre compte de dispositions analogues, dans d'autres pièces du même genre. La suscription étoit d'une forme insolite ; elle portoit :

Aboulféda, t. V. p. 62.

Hist. dynast. pag. 361.

N 2

Par la puissance du   *Au nom de Dieu*
Dieu très-haut.   *clément et miséricordieux.*

Par la disposition du Kaan ,
Ordre d'Ahmed.

Nous verrons plus tard l'explication de cette formule. Le sultan , sans doute, en fut choqué ; car il l'imita avec une sorte d'affectation dans sa réponse, où il s'appliqua à reproduire les formes mêmes de la lettre d'Ahmed, en y répondant, phrase à phrase, avec beaucoup de sécheresse. Les ambassadeurs , après avoir reçu des présens, furent renvoyés avec les mêmes précautions. Ils étoient de retour à Alep le 6 de schewal 681. L'année suivante , pendant que le sultan étoit à Damas, Ahmed fit près de lui une seconde tentative qui ne réussit pas mieux. L'émir Dje-maleddin-akousch-el-farsy partit d'Alep pour recevoir ces nouveaux ambassadeurs. Il leur ôta leurs tentes et leurs armes, les fit marcher de nuit, et les garda avec le plus grand soin. Ils sortirent d'Alep de nuit ; on les conduisit de même, avec beaucoup de précautions , jusqu'à Damas, où , de nuit, ils descendirent au château : il fut expressément défendu de communiquer avec eux (1).

Je suis entré dans ces détails pour faire voir que les musulmans n'avoient pas moins de répugnance à traiter avec les Mongols, que ceux-ci n'en avoient montré jusque-là à se lier avec les premiers. On étoit accoutumé à voir dans les Mongols des ennemis presque aussi acharnés

---

(1) La lettre qu'ils apportèrent avoit une suscription à peu près semblable à celle de la première :
Au nom de Dieu clément et miséricordieux.

Par la faveur du   *Par la puissance du*
Kaan,   *Dieu très-haut,*

Ordre d'Ahmed
au Sultan d'Égypte.

contre les musulmans que les croisés eux-mêmes, et l'on
ne pouvoit croire à la sincérité des sentimens nouveaux
qu'ils affectoient. D'un autre côté, les nombreux vassaux
des Mongols, qui étoient attachés au christianisme, et les
zélateurs des anciennes croyances Tartares, éprouvèrent
le plus vif mécontentement de la conduite religieuse et
politique d'Ahmed. Les auteurs chrétiens, et même Aboulféda, y voient la cause des troubles qui éclatèrent pendant
la courte durée de son règne et qui en abrégèrent le cours.
Selon eux, les peuples Tartares, habitués aux cérémonies
des chrétiens, et prévenus contre une secte dont ils avoient
détrôné le pontife, ne purent voir sans indignation cette
même secte prévaloir au milieu d'eux. Les rois de Géorgie
et d'Arménie refusèrent toute obéissance à Ahmed; Khoubilaï lui-même le menaça de sa colère, pour s'être écarté
des traces de ses ancêtres. Un de ses frères et son neveu
Argoun saisirent ce prétexte, et levèrent contre lui l'éten-
dard de la rebellion. Ahmed vint à bout de la révolte du
premier; mais il succomba sous Argoun, qui le fit prison-
nier, et permit, s'il n'ordonna même, qu'il fût mis à mort.
Dans le *yarlikh* (1) ou manifeste qu'Argoun publia à cette
occasion, il dit que tous les princes du sang royal avoient,
d'un commun accord, chassé du trône Ahmed, qui avoit
abandonné les antiques lois des Mongols, pour embrasser
la religion des Arabes, inconnue à leurs pères; qu'ils
avoient envoyé vers le grand khan, pour lui demander
de juger le coupable, et qu'ils avoient placé lui Argoun
sur le trône de Perse, pour gouverner les contrées situées
entre le Djihoun et le pays des Francs. On peut ne pas

Aboulfaradje,
vers. Lat. pag.
605.

(1) Daté du mois de kanoun 2 de l'an 1596 [1285].

demeurer convaincu que tous ces événemens aient eu pour unique cause le changement de religion d'Ahmed; mais on doit convenir qu'il en fut le prétexte, et c'en étoit assez pour faire sentir à son successeur la nécessité de suivre une conduite tout opposée. C'est ce que ne manqua pas de faire Argoun, aussitôt qu'il se fut emparé du trône de Perse.

En effet, à peine eut-il reçu la confirmation de son usurpation, comme il l'avoit demandée au grand khan Khoubilaï, qu'il résolut d'attaquer les musulmans, avec le projet, disent nos historiens, de se faire baptiser à Jérusalem, aussitôt qu'il s'en seroit rendu maître. Se réglant en tout sur l'exemple de son père Abaga, il rétablit les églises qu'Ahmed avoit ruinées, fit périr un grand nombre de musulmans et déclara la guerre au sultan d'Égypte. Les rois d'Arménie et de Géorgie revinrent alors à sa cour, et les chrétiens d'Orient renouvelèrent leurs sollicitations pour l'engager à tirer la Terre-sainte des mains des infidèles. Ce fut sans doute par leur suggestion qu'il écrivit au pape Honoré IV une lettre dont on a conservé la traduction Latine, et dont il est néanmoins fort difficile de juger le contenu. Ce n'est pas qu'on n'y reconnoisse beaucoup de traces du style Mongol, et des particularités qui se retrouvent dans d'autres pièces originales du même genre; mais ceux qui ont fait cette traduction, sachant apparemment mieux le mongol que le latin, y ont commis tant de fautes, qu'elle est à peu près inintelligible. Telle qu'elle est pourtant, elle suffit pour constater l'existence d'une lettre originale en tartare, dont elle offre une représentation plus que littérale : la barbarie même des expres-

Ep. eur. Nic. IV, lib. I, pag. 17.

Hayt. cap. XXVIII.

Anonym. Memorial. potestat. Regions. ad ann. 1284.

Voyez ci-après, dans le Recueil des pièces.

sions dont elle est remplie, est la meilleure preuve de
son authenticité; et il n'est pas impossible non plus, quand
on est au courant des événemens dont il y est fait mention,
et des relations qui y sont indiquées, d'en tirer, par conjecture, la connoissance de quelques particularités curieuses.
Argoun y rappelle d'abord la bienveillance que les Mongols ont eue, dès le temps de Tchinggis-khakan, *leur*
premier père, pour le pape, le sérénissime roi des Francs,
et le sérénissime roi Charles (d'Anjou); la protection qu'ils
ont toujours accordée aux chrétiens, qui ont été exemptés
de tout tribut et francs dans leur terre, *et omnium chris-*
tianorum non dentur aliquid de tributum, et fiant franchi in sua
terra, et les faveurs dont les ont comblés son grand-père
Houlagou et le bon Abaga son père. Il parle d'un certain
Ise-turciman, ou *Ise* l'interprète, et de plusieurs de ses
compagnons envoyés, à ce qu'il paroît, à la cour du
pape et de quelques autres princes chrétiens, par le grand
khan, et qui en avoient reçu des vêtemens précieux et
des parfums, *roba et tus*. Lui-même, aussitôt qu'il a obtenu
la *grâce du grand khan*, c'est-à-dire, la patente d'investiture pour le trône de Perse, a songé à envoyer des présens
au pape, *ad domino sancto patri mittantur robas vel vestimen-*
tas et tus. Il a le projet de rendre aux chrétiens tous les
avantages dont ils ont joui précédemment, *et habemus in*
pensamentum de eos custodire et facere gratiam. Le long intervalle qui s'est écoulé depuis la dernière ambassade
envoyée aux princes chrétiens, est expliqué par l'apostasie
d'Ahmed, qui, *anno præterito, Ameto erat intratus in moribus*
Saracinorum, et qui, pour cette raison, n'avoit pas *gardé*
la terre des chrétiens. Enfin on promet aux Francs un

partage de la terre de Scam, c'est-à-dire, de l'Égypte, *terram Scami, videlicet Ægypti :* les messagers qu'on envoie ont ordre de le leur proposer, et l'on demande que les princes chrétiens veuillent bien faire savoir, par un homme digne de foi, où ils entendent que doit se faire la jonction de leurs forces avec celles des Mongols; et de cette manière le khan et le pape anéantiront la puissance des Sarrasins, *Saracenis de medio nostri levabimus dominus Papa et Can.* La lettre est datée de l'an du coq, c'est-à-dire, de 1285, du 18.ᵉ jour de la lune de *madii,* ou mai. Enfin les derniers mots de la lettre, *in Coris,* semblent indiquer qu'elle a été écrite à Tauris ; car c'est dans cette ville que les princes Mongols de Perse faisoient habituellement leur résidence.

Il est fâcheux qu'aucun historien et aucun monument original ne nous aient conservé le souvenir de la négociation dont il est parlé dans le commencement de cette lettre. Plusieurs noms propres des envoyés dont il y est fait mention, sont tellement corrompus, qu'on ne sait à quelle nation ils ont appartenu ; et la phrase Latine est si mal construite, qu'on est, au premier abord, embarrassé de déterminer s'il est question d'ambassadeurs envoyés par les Francs ou par les Orientaux. Mais on est informé, par des lettres du pape Nicolas IV, relatives à une négociation postérieure, que l'un de ces envoyés étoit un interprète Tartare, nommé *Ougueto,* qu'il fut employé plusieurs fois dans des affaires du même genre. On peut aussi supposer que le *Thomas Banchrui* de la lettre d'Argoun est le même que le *Thomas de Anfusis* de celles de Nicolas IV. *Bogagoc* et *Mengilic* paroissent des noms Mongols fort

altérés.

altérés. Ce qui est singulier, c'est que nos historiens ne disent rien de cette ambassade, ni de la réception qu'on dut lui faire à Rome, ni de la manière dont on accueillit les propositions qu'elle étoit chargée d'apporter, et qui étoient de nature à provoquer une négociation entre le pape et les autres souverains chrétiens, comme cela arrivoit toujours en pareille circonstance. Si le successeur du pontife qui la reçut n'en eût pas fait mention dans ses lettres au prince Mongol, le souvenir en seroit tout-à-fait perdu, ou réduit au peu qu'on tire de la pièce informe que j'ai précédemment analysée.

C'est pareillement de pièces postérieures de quelques années aux événemens qu'elles rappellent, que nous vient la connoissance du voyage qu'un certain Rabanata, évêque nestorien, fit à la cour de France, en 1288, par l'ordre du roi de Perse. Ce nom de *Rabanata* ne paroît pas être un nom propre. Déjà, dans mon premier Mémoire, j'ai parlé d'un Syrien, nommé *Siméon*, qui jouissoit d'un grand crédit à la cour d'Ogodaï, et qui étoit communément appelé *Ata* [père] par le grand khan, et *Rabban* [maître] par les officiers de la cour. *Rabban-Ata* seroient donc deux mots pris de deux langues différentes, et dont la réunion marqueroit le respect qu'on auroit pour un évêque, et la déférence due à ses lumières. Heureusement Nicolas IV, écrivant à Argoun, la première année de son pontificat, le 2 avril 1288, donne les noms des envoyés de ce prince, qui venoient d'arriver à Rome. Ce sont le vénérable *Bersauma*, évêque des contrées orientales; le noble Sabadin, surnommé *l'Archaoun*, c'est-à-dire, en mongol, *le chrétien*; *Thomas de Anfusis*, et l'interprète *Ougueto*, dont le nom

Ci-dessus, p. 20.

Mém. sur l'Arménie, tom. II, pag. 133 et 279.

semble être le mot Mongol qui désigne sa fonction. Comme il n'y a dans ce nombre qu'un seul évêque, il est infiniment probable que l'évêque nestorien *Rabanata*, dont une pièce émanée de la cour Mongole rapporte la mission à l'an 1288, est le même personnage que le *Barsauma*, évêque des contrées orientales, dont la lettre de Nicolas IV place le voyage à Rome à la même époque, et que ce pape lui-même nomme *Roban-Barsamma* dans une lettre postérieure à la première. Quant au noble Sabadin Archaoun, ou le chrétien, il dut rester en Europe; car il n'est pas nommé parmi les envoyés Mongols qui vinrent en 1289, et cependant nous apprenons, par une bulle de Nicolas IV, datée du 13 décembre 1289, qu'il passa en Angleterre, à la suite des nouveaux ambassadeurs Tartares qui y vinrent à cette époque.

Act. Rymer. tom. II, p. 498.

Le pape répondit aux lettres que ces envoyés lui apportoient de la part d'Argoun, par une autre lettre dans laquelle il témoigne à ce prince sa reconnoissance pour les bons sentimens dont il se montre animé à l'égard des chrétiens, et lui fait une longue et verbeuse exhortation pour l'engager à embrasser lui-même le christianisme. Comme il a appris des ambassadeurs d'Argoun, que l'intention du roi est de se faire baptiser à Jérusalem aussitôt qu'il se sera rendu maître de cette ville, il le presse de commencer par recevoir le baptême; ce qui, sans doute, lui facilitera la conquête qu'il veut entreprendre. Le pontife adresse en même temps des félicitations à la reine Touktan, femme d'Argoun, laquelle, suivant ce qu'il avoit appris, professoit la religion catholique. Il écrit aussi à Denis, évêque de Tauris, dont il avoit reçu la lettre avec

celle du roi de Perse. Toute cette correspondance porte
un caractère purement religieux, et semble n'avoir aucun
rapport au but politique que les Tartares avoient principalement en vue : mais il faut croire que le pape n'oublia
pas l'objet de la négociation, et qu'il fit part à Philippe-
le-Bel des propositions apportées par les ambassadeurs,
s'il n'envoya même à la cour de France un ou plusieurs
de ces derniers ; car nous apprenons d'une pièce inédite,
que nous aurons bientôt occasion d'analyser, qu'en 1288
le roi de France envoya à la cour de Perse des ambassadeurs. Ces ambassadeurs, dont le nom ne s'est pas conservé
et dont le voyage n'est pas même indiqué par nos historiens, se conduisirent auprès d'Argoun avec une hauteur
dont ce prince adressa à Philippe-le-Bel des plaintes rem-
plies de modération. Ils refusèrent de lui rendre les hon-
neurs que le roi de Perse attendoit d'eux, sous prétexte que,
ce prince n'étant pas chrétien, ils manqueroient à ce qu'ils
devoient à leur maître, s'ils consentoient à lui prêter hom-
mage, c'est-à-dire, suivant toute apparence, à se prosterner
devant lui, comme il les en fit requérir par trois fois. A la
fin, Argoun les reçut comme ils l'entendirent, et leur fit
beaucoup de caresses, ainsi que ses ambassadeurs le dirent
eux-mêmes au roi de France, l'année suivante. On n'en sait
pas davantage sur l'objet et les circonstances de cette négociation, qui seroit complétement ensevelie dans l'oubli,
s'il n'en étoit par hasard dit quelques mots dans les pièces
relatives aux négociations subséquentes.

Au mois de juillet 1289, Nicolas IV fit partir pour la
Tartarie quelques frères mineurs qui devoient y prêcher
l'évangile. Le chef de cette mission étoit ce Jean de Monte-

corvino, depuis honoré du titre d'archevêque de Khan-
balikh. Il revenoit dès-lors des contrées orientales, et, en
y retournant par l'ordre du souverain pontife, il emporta
deux lettres de recommandation, l'une pour Argoun, et
l'autre pour Khoubilaï. Cette mission n'ayant pas proprement de but politique, et les effets qu'elle put avoir sur
les relations des chrétiens avec les Mongols, n'ayant eu
lieu qu'un peu plus tard, nous n'en parlons en ce moment
que pour constater un fait : c'est qu'à l'époque du départ
de Jean de Montecorvino, c'est-à-dire, au mois de juillet
1289, la nouvelle ambassade Mongole qui vint en
Europe cette année, n'étoit pas encore arrivée. Dans les
deux lettres, le pape ne parle que de celle de l'année
précédente, et des lettres qu'il avoit envoyées au khan de
Perse par le retour de l'évêque Rabban-Barsamma. On
n'eût pas manqué de faire mention du second voyage de
cet évêque, si dès-lors l'ambassade qu'il conduisoit eût
atteint sa première destination.

Voyez l'article
Montecorvino,
cité précédem-
ment.

Cette ambassade de l'an 1289 n'étoit connue que par
une seule pièce émanée de la cour pontificale. C'est une
bulle adressée au roi d'Angleterre, Édouard I.er, pour
l'avertir que le roi des Tartares est préparé à venir au
secours de la Terre-sainte. Le pape annonce au roi qu'un
personnage distingué, *Biscarellus de Gisulfo*, citoyen Génois, envoyé d'Argoun, roi des Tartares, est venu récemment, *nuper*, lui apporter des lettres de ce prince Tartare,
dans lesquelles il dit, entre autres choses, qu'il est tout
prêt à venir, à la réquisition de l'Église, au secours de la
Terre-sainte, dans le temps du passage général, c'est-à-
dire, à l'époque fixée pour la croisade. Ledit envoyé

Rymer, Act.
tom. II, p. 429.

devant, pour cette affaire, venir trouver le roi d'Angleterre,
le pape lui a donné cette lettre comme recommandation,
et il prie Édouard de le recevoir avec bonté et d'écouter
avec attention ce qu'il voudra lui dire de la part d'Argoun.
Cette bulle est datée de Rieti, le 30 septembre 1289 (1).
Le pape y dit que l'ambassadeur est arrivé récemment :
cela confirme la remarque que nous avons déjà faite,
et montre que l'ambassade dut venir en Italie entre le
15 juillet et le 30 septembre. Nous n'en saurions pas
davantage, si le hasard n'eût conservé dans les archives
du roi de France deux pièces originales relatives à cette
négociation, et qui n'ont été jusqu'ici ni publiées ni même
indiquées dans aucun recueil. Je vais faire connoître, par
une courte description, ces pièces infiniment intéressantes
sous plusieurs rapports, et qui jettent beaucoup de jour
sur la matière que j'ai entrepris d'éclaircir.

L'une est la lettre originale d'Argoun au roi de France.
Elle a la forme d'un rouleau de près de six pieds et demi
de long, sur dix pouces de haut, en papier de coton. Elle
offre, d'un seul côté, trente-quatre lignes d'écriture noire,

Voyez cette pièce plus bas, dans le Recueil des lettres des princes Mongols, et sur la planche lithographiée.

(1) Bulla de rege Tartarorum parato accedere in Terræ-sanctæ subsidium :

NICOLAUS, &c., EDVARDO. Nuper ad præsentiam nostram accedens dilectus filius nobilis vir Biscarellus de Gisulfo, civis Januensis, nuncius Argoni regis Tartarorum illustris, lator præsentium, nobis ex parte ipsius Argoni litteras præsentavit, inter cætera continentes, quòd ipse Argonus ad requisitionem Ecclesiæ paratus et promptus existit viriliter et potenter accedere in Terræ-sanctæ subsidium, tempore passagii generalis. — Cùm autem præfatus nuncius ad præsentiam regiam, propter hoc, ex parte præfati Argoni regis, accedat....celsitudinem regiam rogamus et hortamur attentè, quatenùs, nuncium ipsum benignè recipiens et honestè pertractans, diligenter audias quæ tibi ex parte ipsius Argoni duxerit referenda. Dat. Reate, 11 kal. Octob. [1289]. (Act. Rymer. t. II, pag. 429.)

et l'empreinte, répétée trois fois, d'un sceau de cinq pouces et demi en carré, imprimé en rouge. La lettre est écrite en langue Mongole et en caractères Ouïgours, formant des lignes qui se lisent verticalement. Le sceau offre six caractères Chinois antiques, les premiers peut-être qu'on eût encore vus en Europe, et bien certainement les plus anciens de ceux qui s'y sont conservés. L'existence de ces deux sortes de caractères sur une lettre adressée au roi de France, au XIII.ᵉ siècle, est elle seule un fait si curieux, que la pièce qui en offre ainsi la réunion, peut passer pour une des plus grandes raretés qui soient conservées dans les archives royales.

L'autre pièce, jointe à celle dont je viens de parler, et qui a rapport au même objet, est une note diplomatique en français, qui dut être remise par l'ambassadeur, pour expliquer la lettre d'Argoun et en faire connoître le contenu. Ce même envoyé, dont le pape fait mention dans sa bulle au roi d'Angleterre, y parle en son nom, comme s'il eût été le principal ambassadeur, quoiqu'il ne le fût pas, et expose à Philippe-le-Bel les intentions bienveillantes du prince Mongol. Les observations que nous allons faire sur ces deux pièces, acheveront d'en montrer l'importance, et ne laisseront que peu de chose à desirer au sujet de la négociation à laquelle elles se rapportent.

Considérée en elle-même, la lettre d'Argoun mérite, sous plusieurs rapports, de fixer notre attention. L'histoire nous apprend, à la vérité, que les Mongols avoient apporté en Perse l'usage de leur langue et de l'écriture Ouïgoure, qu'ils avoient adoptée : mais la pièce dont il s'agit est la première qui constate matériellement ce fait, en même temps

qu'elle offre le plus ancien monument connu de la langue
Mongole, conservé, soit en Orient, soit en Occident. Les
monnoies des souverains Mongols de la Perse et du Kaptchak, qui présentent des légendes Tartares, sont presque
toutes d'une époque plus récente, et il s'en faut beaucoup
que les manuscrits Turks ou Mongols en écriture Ouïgoure qu'on a recueillis dans l'Orient, ou que l'on connoît
par les Chinois, remontent à un temps aussi ancien. Le
dialecte même dans lequel cette lettre est écrite, et qui
est celui des successeurs d'Houlagou sur le trône de Perse,
ne nous est connu jusqu'ici par aucun échantillon. On
conçoit qu'une nation aussi nombreuse que les Mongols,
répandue d'un bout à l'autre de l'Asie, et mêlée d'une
foule de tribus d'origine diverse, ne pouvoit parler par-
tout un seul et même idiome. Aussi le dialecte des Kalkas
ou Mongols du nord de la Chine, dont on possède
des dictionnaires faits par les Chinois, paroît-il différer
considérablement de celui que parlent les Mongols du
Tibet, et l'un et l'autre s'éloignent-ils beaucoup de la
langue des Kalmouks. Le dialecte de la lettre d'Argoun
ou de la cour Mongole de Perse a aussi des caractères
particuliers qui le distinguent des dialectes orientaux et
septentrionaux : la construction des phrases semble plus
naturelle, et la grammaire moins compliquée. Mais ces
remarques sont de nature à trouver place ailleurs, et je
ne les indique ici qu'en passant. Seulement elles explique-
ront comment il ne m'a pas été possible de donner une
traduction tout-à-fait littérale de la lettre d'Argoun. On
n'a aucun secours pour le dialecte même dans lequel elle
est écrite. Je n'ai pu consulter que très-rapidement le

Dictionnaire Kalka-Mandchou, imprimé à Péking, dont nous n'avons pas d'exemplaire en France, et dans lequel, d'ailleurs, les mots sont arrangés par ordre de matières, de sorte qu'il faut savoir ce qu'ils signifient, pour pouvoir les y chercher. Pour l'œlet ou kalmouk, je n'ai eu à ma disposition que des vocabulaires fort imparfaits, et quelques livres du nouveau Testament. La distance des temps, la différence des dialectes, me justifieront d'avoir laissé dans ma traduction quelques expressions sans équivalens, et plusieurs lacunes. Mais, s'il n'est pas facile d'entendre tout ce que cette lettre contient, il est au moins très-aisé de reconnoître ce qu'elle ne contient pas ; et la discussion historique dont elle peut être l'objet, ne perdra rien à l'imperfection du travail littéraire auquel je l'ai soumise.

Les trois premières lignes de cette lettre n'offrent aucune difficulté. Elles commencent au haut de la page, parce que la formule qu'elles renferment a rapport à des objets ou à des personnes respectables. C'est un usage emprunté des Chinois, qui, dans les pièces diplomatiques ou administratives, ont coutume de couper les lignes, et de reporter au haut de la ligne suivante, quelquefois même un peu au-dessus du niveau des autres lignes, les noms et les titres de l'empereur, de ses parens, de ses ancêtres, le nom du ciel, &c. On lit ici :

« Par la force du ciel suprême,
» Par la grâce du khakan ;
» Paroles de moi Argoun. »

La

La première formule se retrouve à la tête de presque toutes les lettres Tartares dont nous avons déjà fait mention : c'est celle que les interprètes du temps ont rendue par *Dispositione divinâ, Per præceptum Dei vivi, Les commande-mens du Ciel éternel, Par la puissance du Dieu très-élevé, &c.* Cette formule à la tête des lettres de Batchou-nouyan au pape, d'Ilchi-khataï et de Mangou-khan à S. Louis, est donc, dans ces pièces, une marque d'authenticité. C'est ainsi que s'exprimoient les Mongols, et c'est de cette ma-nière qu'ils désignoient le Dieu suprême, employant, comme les Chinois, un terme ambigu qu'on peut, à volonté, rendre par le mot de *Ciel* ou par celui de *Dieu,* le nom de *Tagri,* qui est devenu chez les Turks le seul nom de la divinité. *Tagri-yin kôdjoundour* [par la force de Dieu] est une formule qui sert aussi de légende à plusieurs monnoies Tartares frappées en Perse et dans le Kaptchak.

Cf. *Plan-car-pin, c. 11.*

Par la grâce du khakan, est une autre formule qui marque la sujétion où le roi Mongol de Perse se recon-noissoit à l'égard du grand khan qui régnoit à la Chine. Nous avons déjà vu qu'Argoun, pour monter sur le trône à la place de son oncle Ahmed, avoit sollicité et obtenu du grand khan Khoubilaï une patente d'investiture. Cette patente constatoit tout-à-la-fois son droit et ses devoirs, et l'on voit qu'il la relate en tête d'une pièce diplomatique dans une circonstance importante. Nous ne tarderons pas à voir dans la même pièce un autre signe plus frappant encore de la suzeraineté du grand khan. Ce qu'il faut re-marquer ici, c'est qu'elle y est indiquée précisément dans ies mêmes termes qu'au début de la lettre écrite au pape

P

par Batchou-nouyan , simple commandant des troupes Mongoles en Arménie , *Dispositione divinâ, ipsius Chaan transmissum, Bäiothnoy verbum.* Ainsi les rapports officiels n'étoient pas changés , quoique l'état du grand empire Mongol et de la souveraineté fondée en occident fût bien différent en 1289 de ce qu'il pouvoit être en 1247.

Enfin la troisième formule , *Paroles de moi Argoun,* qui se retrouve pareillement dans d'autres lettres antérieures (1) , contribue encore à prouver que celles-ci ont été traduites sur des originaux authentiques. Le prince ne joint aucun titre à son nom ; ce qui montre encore mieux qu'il n'écrit qu'en sa qualité de subdélégué du grand khan. L'expression Mongole ﺳﻴﺪﻡ ﺑﻴﺲ revient tout-à-fait au mot ﺳﻮﺯﻣﺮ ,

Voyage en Perse, édit. de 1811, tom. II, pag. 99.

notre parole, formule que, suivant Chardin, Tamerlan commença à mettre dans ses patentes, et que les rois de Perse ont retenue de lui. On voit ici que cette manière de s'exprimer est plus ancienne que Tamerlan, ainsi que l'avoit déjà fait observer M. de Sacy d'après un passage d'Ibn Arabschah.

Mémoires de l'Acad. des inscr. et belles-lettres, tom. VI, p. 482.

Id. ibid.

L'historien Arabe que nous venons de nommer ajoute que Tchinggis-khakan , après avoir simplement, au commencement de ses lettres et de ses diplômes, mis son nom en cette manière , ﺟﻨﻜﻴﺰ ﺧﺎﻥ ﻛﻼﻯ *Djengiz-khan: ma parole,* continuoit à la ligne au-dessous, en commençant au milieu de la ligne , *à un tel,* &c. Cette disposition se trouve exactement observée dans la lettre que

---

(1) *Baiothnoy verbum, &c.* Epist. ad Papam, in Vinc. Bellovac. Spec. histor. l. XXII, c. lj. *Gratia magni* | *Can et verbum de Argonum, &c.* Epist. Argoni ad Papam, suprà, p. 98.

nous examinons, et c'est, pour le dire en passant, l'un des emprunts que l'orgueil Mongol avoit faits à la chancellerie Chinoise. Les quatre lignes plus courtes, et commençant plus bas que les autres, contiennent, en effet, le nom du prince auquel la lettre est adressée, et, en outre, celui du personnage chargé de la porter. Le prince est nommé *Irad-fransa*, pour *Reid`afrans*, comme on lit dans Abou'lféda et dans d'autres auteurs Arabes. C'est le titre même de *roi de France*, pris pour un nom propre, par un mal-entendu des Orientaux de cette époque. Cette dénomination n'étoit pas, comme celle de *roi des Francs*, ملك فرنجه , commune à tous les princes chrétiens et Européens; elle ne désignoit que le seul roi de France en particulier. Ainsi c'est bien à Philippe-le-Bel que le prince Mongol a entendu adresser la lettre, et c'est, sans doute, pour cette raison, qu'au lieu de l'emporter avec eux, comme ils avoient fait précédemment, les envoyés Tartares l'ont laissée dans les archives où elle s'est conservée jusqu'à présent.

Annal. Moslem. tom. II, pag. 498, cité là même.

Bar-Hebr. Chron. Syr. p. 511.

Id. ibid.

Quant à la personne chargée de remettre cette lettre, elle est nommée dans les trois lignes qui suivent: c'est *Mar Bar-Sœma*, qualifié de ܪܝܫ ܐܝܙܓܕܐ , c'est-à-dire, chef d'ambassade, ou premier ambassadeur. *Mar* est un titre d'honneur pris de la langue Syriaque, où il signifie *seigneur*, et qui se donne à toutes les personnes respectables. Mar Bar-Sœma, c'est donc le seigneur *Bar-Sœma*. Ce Bar-Sœma n'est pas tout-à-fait inconnu d'ailleurs. Nous savons par Abou'lfaradje, que c'étoit un moine, Ouïgour de nation, qui étoit venu en 1278, dans la compagnie

Mém. de l'Académie des inscript. et belles-lettres, tom. VI, pag. 476.

Assemani, Bibl. Or. tom. II, pag. 256.

P 2

de Iaballaha, autre religieux de la même contrée, pour visiter les lieux saints, et qui avoit été retenu par le patriarche nestorien Denha. Celui-ci étant venu à mourir, Iaballaha fut choisi pour le remplacer, et son premier soin fut de créer son compagnon Bar-Sœma évêque du pays des Ouïgours, c'est-à-dire, des Nestoriens de la Tartarie.

Ci-dessus, pag. 101. Nous avons vu que Bar-Sœma ou Bersauma, ou Roban Barsamma, étoit venu à Rome, avec d'autres envoyés Tartares, en 1288; et que c'étoit vraisemblablement lui qu'on avoit désigné par le nom de *Rabban-ata.* Il n'est donc pas étonnant de le trouver encore à la tête de l'ambassade de 1289. Quoique séparés de la communion Romaine, ces chrétiens Orientaux étoient les intermédiaires les plus naturels qu'on pouvoit employer pour traiter avec les princes catholiques.

Le sens des dix lignes qui suivent est certain, quoiqu'il s'y trouve plusieurs mots dont il n'est pas possible de rendre compte. Argoun annonce au roi de France que les troupes des *Il-khan,* c'est-à-dire, des Mongols de Perse, ont remporté plusieurs victoires dans leurs expéditions contre le pays de Misir ou d'Égypte, et qu'en adressant ses prières à Dieu, il se propose d'attaquer de nouveau ce royaume, dans l'année du léopard [1290], à la lune du chien, qui est la onzième, en hiver; que, le 15 de la première lune du printemps suivant, il se trouvera dans la plaine de Damas, qu'il appelle دمشق وسس بلندبديج *Dimiski-bakouya.*

Plusieurs mots, dont le sens n'est pas suffisamment connu, obligent de laisser en cet endroit une lacune de deux lignes. Celles qui viennent après signifient que, si

le peuple chrétien veut concourir à l'expédition projetée,
il sera possible, avec l'aide de Dieu, et en réunissant ses
forces, de prendre Jérusalem. Cette ville est nommée ici
ܐܘܪܫܠܡ, *Orislim.* Pour les conditions de l'alliance, on
s'en réfère à ce qui sera dit de bouche au roi par les
envoyés qui partent pour la terre des Francs, ܐܦܪܢܓܝܐ
ܡ ܥܡܐ, et on invoque de nouveau la force du ciel et
la faveur du khakan. On finit par recommander l'envoyé nommé *Mouskeril*, qui étoit apparemment chargé
plus spécialement de la négociation qui devoit se traiter
avec le roi de France. Ce *Mouskeril* est bien certainement
le même que le *Biscarellus* de la bulle de Nicolas IV au
roi d'Angleterre. Ce qu'il y a d'embarrassant, c'est que le
pape, en désignant cet ambassadeur, le qualifie de citoyen
Génois *[civis Januensis]*, et que, dans la lettre Mongole,
son nom est suivi du mot ܟܘܪܓܝ, *Kourdji,* qui paroîtroit
signifier *Géorgien,* et qui semble être une épithète ajoutée
au nom de *Mouskeril,* puisqu'elle précède la marque de
l'accusatif voulue par le verbe ܫܕܪܬ *[j'ai envoyé]*, qui
vient après. Si c'étoit effectivement le sens du mot *Kourdji,*
il y auroit là une contradiction dont nous ne pourrions
rendre compte, parce que nous manquons de renseignemens pour décider si l'erreur vient du pape ou du prince
Mongol. Mais il se pourroit encore que *Kourdji* fût le
nom d'un autre ambassadeur venu, comme nous le verrons bientôt, avec *Mouskeril :* le sens alors seroit, *je vous
envoie Mouskeril et Kourdji.* Mais pourquoi ne seroit-il
fait là aucune mention des autres envoyés, et notamment
du chef de l'ambassade, *Mar Bar-Sœma!* Ce qui vient
immédiatement après n'offre pas de difficulté. « Ma lettre,

» dit Argoun, a été écrite le 6.ᵉ jour de la première lune
» d'été de l'an du bœuf [c'est-à-dire, en 1289], au *Koun-*
» *dalan*. » Le dernier mot وسلو, *j'ai écrit* ou *j'écrivois*, est
formé de lettres allongées, comme pour imiter un paraphe.

La date de la lettre est, comme on voit, marquée avec
une grande précision. Quant au lieu où elle a été écrite,
le *Koundalan*, il n'est ni indiqué sur nos cartes ordinaires,
ni mentionné par les géographes. *Koundalan* est un mot
Mongol qui signifie *transversal*, et c'est, sans doute, le nom
de l'*Oulous* ou campement d'Argoun. Une autre pièce originale dont il sera question plus tard, nous apprend que
cet Oulous n'étoit pas très-éloigné du *Talou-dalaï*, c'est-
à-dire, du lac d'Ourmiya, lequel est nommé *Tala* dans
Aboulféda. Nous savons que le lieu du campement ordinaire des généraux Mongols et des princes de la famille
d'Houlagou fut dans la plaine de Moughan, située entre le
lac d'Ourmiya et le fleuve Araxe, jusqu'à ce que Khodabendeh, fils d'Argoun, eut fondé la ville de Soultaniyeh,
autrement nommée *Kongorlan*. J'avois pensé d'abord que
ce dernier nom, altéré par les Mongols, pouvoit avoir
formé celui de *Koundalan*. Mais, outre que ce seroit une
altération très-forte, et que rien n'en justifie la supposition, je crois qu'il est plus naturel de chercher le Koundalan au nord du lac d'Ourmiya, dans la plaine où l'on
sait qu'Argoun faisoit habituellement son séjour. Une carte
Russe du Caucase et de la Géorgie, publiée en 1819, offre
une rivière de ce nom parmi les affluens de l'Araxe; et
comme une dénomination significative, telle que celle de
transversale, peut avoir été commune à plusieurs rivières
de cette contrée, il est permis de supposer que le *Koun-*

dalan d'Argoun étoit, ou la rivière qui porte ce nom dans la carte Russe, ou quelque autre rivière de la plaine de Mou-ghan, qui se jetoit dans l'Araxe ou dans le lac d'Our-miya (1). L'incertitude à cet égard n'est pas d'une grande conséquence, et l'on voit d'ailleurs qu'elle est resserrée dans des limites extrêmement étroites.

Une dernière observation qu'il nous reste à faire sur la lettre d'Argoun, est relative au sceau dont nous avons dit qu'elle étoit marquée en trois endroits. Ce sceau, en caractères Chinois, dut être envoyé par le grand khan à Argoun, en même temps que la patente d'investiture dont il a été question. C'étoit la marque de la dignité qui lui étoit conférée, et de la puissance qu'il devoit exercer sur la Perse et sur les pays voisins, au nom du souverain qui résidoit à Khan-balikh ou Péking. Il n'est donc pas étonnant que ce prince l'ait fait apposer à une lettre qu'il écrivoit au roi de France ; et cependant c'est une singularité bien remarquable que ces hiéroglyphes Chinois appliqués au-dessus des noms de l'Égypte, de Jérusalem et de la France, traduits en lettres Tartares. Un tel rapprochement parle à l'imagination, et semble offrir l'expression des rapports nouveaux que les croisades, d'une part, et les conquêtes de Tchinggis, de l'autre, avoient fait naître entre les peuples des deux bouts de l'univers. L'inscription en caractères Chinois, de l'espèce de ceux qu'on nomme *tchhouan* et qui servent pour les sceaux et les cachets, ne donne pas une haute idée du rôle que le

Élém. de la gramm. Chin. pag. 5.

(1) Suivant une note qui m'est fournie par M. Saint-Martin, Soyou-thi fait mention, dans son Diction- | naire géographique, d'un lieu voisin d'Ispahan, nommé كنـدلان *Kon-delan.*

roi de Perse jouoit à la cour impériale de Khan-balikh.
La légende qu'ils forment, transcrite en caractères modernes, est celle-ci :

之 tchi　安 'an　輔 fou
寶 pao　民 min　國 koue

c'est-à-dire, *Sceau du ministre d'état, pacificateur des peuples.*
Elle nous apprend quel fut le titre décerné par le grand
khan à Argoun, quand il reçut de lui l'investiture pour
le royaume de Perse. Ce titre est celui de *Fou-koue,*
qui signifie proprement *Aide du royaume,* et peut s'entendre soit d'un ministre, soit d'un conseiller d'état, de
sorte que le titre intermédiaire de ministre d'état paroît
assez convenable pour l'exprimer. Quant aux mots *'an
min,* pacificateur des peuples, il indique l'objet de l'établissement d'Houlagou et de ses descendans en Perse selon les
idées de la cour de Khan-balikh. On voit ici un exemple
de l'usage Chinois, d'envoyer aux princes feudataires un
sceau sur lequel est inscrit le titre de la dignité qu'il a
obtenue dans l'empire céleste ; et l'on ne peut douter que
si l'empereur Frédéric eût accepté les propositions dont
nous avons parlé dans notre premier Mémoire, il n'eût
Ci-dessus, p. 19. ainsi reçu du grand khan un sceau , soit en chinois,
soit en mongol, qui eût porté le titre de la charge qu'on
lui auroit accordée, et en vertu duquel il auroit pu gouverner l'empire d'occident, sous la suprématie du fils du
Ciel, l'auguste khakan de Kara-koroum.

A la pièce Mongole que je viens de faire connoître,

est

est restée attachée une pièce en français du temps, sur
papier de coton, et accompagnée de deux copies de la
même pièce, écrites sur parchemin (1). C'est une note
diplomatique qui fut remise par un des envoyés avec la
lettre originale du khan, pour en expliquer le contenu
et en développer les intentions, suivant l'autorisation
expresse ou l'ordre qu'il en avoit reçu, ainsi que nous
l'avons remarqué en faisant l'analyse de la lettre Mongole. Celui qui avoit cette mission est nommé *Mouskeril*
en tartare ; dans la note Française il se nomme lui-
même *Busquarel* : on a vu son nom écrit *Biscarellus* dans
une bulle du pape Nicolas IV. La note n'est pas une
traduction de la lettre; elle est beaucoup plus étendue,
plus explicite sur l'objet de la négociation, conçue en
des termes bien plus honorables et plus affectueux. Non-
seulement l'envoyé a développé le sens de la lettre dont
il étoit porteur, mais il a suivi et peut-être dépassé ses
instructions, pour se rendre agréable au prince avec lequel
il venoit traiter, et le prévenir en faveur de l'alliance
qu'il lui proposoit. J'insiste sur ce point, moins pour
faire remarquer le défaut d'accord qui existe entre les
deux pièces, que pour faire observer la conséquence favorable qui en résulte à l'égard d'autres pièces du même
genre dont j'ai déjà eu occasion de soutenir l'authenticité.
On ne les a souvent arguées de faux, et l'on n'a qualifié
d'imposteurs les envoyés qui les avoient apportées, que

_____

(1) Au revers de l'une de ces
copies, on lit ces mots : *Super ne-*
gotia Tartarorum ; et sur une autre
il y a : iij. *Quatuor rotuli tangentes*
articulos Buscarelli nuncii sive am- *bassiatoris Algonis regis Tartarorum.*
Par ces quatre rouleaux on a en-
tendu la lettre Tartare et les trois
copies de la note en français.

Q

parce que l'on croyoit devoir se défier de ce zèle excessif des Mongols en faveur des chrétiens, de cette haine pour les musulmans, de cet empressement à contracter des alliances avec les Francs, tous sentimens dont on suspectoit la sincérité, parce qu'on n'en apprécioit pas suffisamment les motifs. Je me suis attaché à faire voir quelles raisons les Tartares pouvoient avoir, sinon de les éprouver réellement, au moins d'en faire parade avec les princes chrétiens, et par-là je pense avoir considérablement affoibli les objections dirigées contre l'authenticité de ces pièces, qui sont données comme des traductions de lettres Mongoles, et dont les originaux ne se sont pas conservés. Maintenant, voici qu'une de ces pièces, remplie des protestations les plus amicales et des témoignages du plus entier dévouement, se retrouve accompagnée d'une lettre originale qui en met l'autorité à l'abri de toute contestation. Il ne reste donc plus aucun fondement aux doutes qui ont été élevés, et la lettre d'Argoun à Philippe-le-Bel sert à défendre celle d'Ilchi-khataï à S. Louis contre les soupçons dont elle a été l'objet.

Dans la note dont il est question, *Argon fait assavoir au roy de France comme à son frere, que en toutes les provinces d'Orient, entre Tartars, Sarrazins et toute autre langue, est constante renommée de la grandesse, puissance et loyauté du royaume de France*, &c. Il n'y a rien de pareil à ces complimens dans la lettre originale; Busquarel, *messager d'Argon*, se crut sans doute autorisé à les ajouter, pour capter la bienveillance du roi de France. J'en dis autant des faits cités par l'ambassadeur, et qui semblent indiquer de la part d'Argoun une grande propension pour

le christianisme, comme le mariage de sa sœur avec le
fils du roi de Géorgie, à raison duquel *il la fist tantost
presentement crestiennement elever,* la messe chantée devant
lui par Rabbanata aux fêtes de Pâques, et à laquelle Argoun fit *illecques devant li accommenier et recevoir le saint
sacrement de l'autel à pluseurs de ses barons Tartars,* &c.
Toutes ces particularités sont, je ne dirai pas controuvées,
mais vraisemblablement exagérées, et bien certainement
introduites dans la note de Busquarel avec l'intention
évidente, et déjà si souvent remarquée, qui avoit fait
vingt fois annoncer en Occident la conversion du grand
khan, celle de plusieurs autres rois et de tant de *barons
Mongols,* qu'il n'eût pas dû rester un seul païen dans
toute la Tartarie, si ces annonces avoient eu quelque
fondement.

Parmi les circonstances rapportées par Busquarel
comme les preuves de l'attachement d'Argoun à la cause
des chrétiens, il en est une qui porte un tel caractère
d'exagération, qu'il falloit que ce négociateur supposât un
grand fonds de crédulité à ceux à qui il en faisoit le récit.
C'est ce qu'il raconte comme *bonnes enseignes et grand'-
presomption de la bonté d'Argon,* lequel fit *tailler quatre
grands barons* Sarrasins qu'il avoit dessous sa seigneurie,
et ne souffrit pas que les corps en fussent enterrés, *mais
voust et commanda que l'en les laissast illecques mengier aus
chiens et aus oisiaux,* le tout parce que ces barons *lies
estoient et faisoient joie du damage qui estoit avenu aus
crestiens* par la prise de la ville de Tripoli. Je ne veux
assurément pas révoquer en doute le fait de l'exécution
de ces quatre grands barons Sarrasins ; mais je crois

qu'on peut raisonnablement supposer qu'elle eut un autre motif que la joie qu'ils avoient pu faire éclater à la nouvelle de la prise de Tripoli. Argoun, monté sur le trône par l'effet d'une révolte contre un prince qui avoit favorisé les musulmans, et lui-même ennemi acharné du sultan d'Égypte, ne manquoit pas de raisons personnelles pour haïr les partisans de l'islamisme, et pour chercher les occasions de sévir contre eux, sans recourir à un prétexte aussi frivole que celui que lui prête ici son ambassadeur Busquarel.

On ne peut douter que cet ambassadeur n'ait été chargé expressément d'adresser au roi de France quelques représentations sur la conduite hautaine qu'avoient tenue ses envoyés à la cour Mongole dans le voyage qu'ils y avoient fait l'année précédente. Argoun ne parle pas dans sa lettre de cette discussion d'étiquette, et c'étoit un de ces points qu'on pouvoit sans inconvénient laisser à discuter de vive voix à l'ambassadeur. Il est impossible d'y mettre plus de ménagemens que celui-ci y en apporte. Si le roi de France a donné ordre à ses ambassadeurs d'agir ainsi avec Argoun, celui-ci en est tout *liez;* car, dit son envoyé, *ce qui vous plaît lui plaît aussi.* Seulement, si l'on renvoie les mêmes messagers, ou bien d'autres, on prie Philippe de souffrir qu'ils fassent au roi de Perse *telle révérence et honneur comme coutume et usage est en sa cour,* et de leur en donner l'ordre exprès; en revanche on s'engage à les dispenser d'une cérémonie qui étoit en usage à la cour des princes Tartares, et qui consistoit à faire passer entre deux feux les ambassadeurs, princes ou autres personnages qui venoient les trouver, pour se garantir des mauvaises influences dont ils pouvoient être porteurs. C'étoit apparemment une distinction honorable qu'on accordoit aux ambassadeurs Français, en consentant à les recevoir, comme le dit Busquarel, *sans passer feu*. Cet envoyé offre aussi au roi de France, s'il veut adresser des messagers à Argoun, de les mener et conduire, en partageant avec eux les frais et la fatigue de la route, *à moitié de despens, travail, peril et doubte que ils m'ont esté, quant à vous plaira*.

Pour en venir au point essentiel de la négociation, qui avoit pour objet de concerter une expédition contre les musulmans, cette affaire est la seule qui soit traitée dans la pièce Tartare et dans la note Française, quoique avec bien plus de développemens encore dans la seconde que dans la première. Un rendez-vous dans la plaine de Damas à un certain jour de l'an 1290 est tout ce qu'il y a de précis dans la lettre Mongole. Dans la paraphrase de l'ambassadeur, Argoun fait savoir au roi de France, comme à son frère, que son corps et son ame sont prêts à aller à la conquête de la Terre-sainte, pour être *ensemble avec le roy de France en cest benoit service*. Si le roi de France y vient en personne, Argoun promet d'y amener deux rois chrétiens Géorgiens qui sont *sous sa seigneurie*, qui de nuit et de jour prient Dieu de les faire trouver en cet heureux service, et qui ont bien pouvoir d'amener avec eux vingt mille hommes de cheval et davantage. On connoît par notre premier Mémoire les causes et les circonstances de ce partage de Ci-dessus, p. 59. la puissance royale en Géorgie entre deux princes qui étoient restés soumis comme vassaux aux Mongols de

Perse. Ces deux rois devoient être non-seulement disposés à suivre le roi de Perse dans une expédition
combinée avec les Francs et dirigée contre les musulmans de Syrie, mais ardens à en proposer l'idée et à en
poursuivre l'exécution. Argoun ne borne pas sa sollici-
tude à procurer des auxiliaires au roi de France; il a
appris, dit son envoyé, que *grieve chose est à luy et à
ses barons de passer par mer tant de chevaus, comme mestier
est à euls et à leur gent.* Le prince Tartare s'offre à leur
en procurer vingt ou trente mille, *en don ou en convenable pris,* et, de plus, à faire rassembler dans toute la
Turquie le menu bétail, les bœufs, les vaches et les
chameaux, les grains, la farine et toute espèce de vivres,
suivant les besoins du roi de France, *à sa volonté et
mandement.* Ces dernières propositions ne sont pas énon-
cées dans la lettre en tartare, mais on ne peut douter
que Busquarel ne fût autorisé à les faire; et ce sont là
les choses sur lesquelles il lui étoit recommandé de
s'expliquer de bouche avec le prince auprès duquel il
étoit accrédité. La substance de ces négociations ne
resta pas totalement inconnue aux contemporains : on
en trouve quelques indications éparses dans les lettres
des pontifes et dans les chroniques du siècle. Mais nous
venons de la voir tirée pour la première fois d'un monument original; et la suite non interrompue des faits
que nous avons rassemblés, et les développemens dont
nous les avons accompagnés, ont complétement dissipé
cette apparence de vague et d'incertitude sous laquelle
se montroient les particularités de ce genre, réduites à
quelques mentions isolées, de la part d'auteurs qui n'en

comprenoient pas l'importance et qui n'en avoient pas saisi l'enchaînement.

Les historiens Français nous laissent dans une ignorance complète sur les effets de la négociation de Busquarel et sur les projets qu'elle put faire naître pour l'avenir. Il est certain, du moins, qu'elle n'amena, pour le présent, aucune résolution conforme aux vues d'Argoun et aux intérêts des croisés. Sans doute, après avoir rempli sa mission en France, Busquarel se rendit en Angleterre, où, comme nous l'avons déjà vu, son arrivée avoit été annoncée par une bulle. Il y vint accompagné de Zaganus, un de ses compagnons, qui avoit été baptisé par l'évêque d'Ostie, du neveu de ce Mongol nommé *Kourdji* [Gorgi] et qui avoit reçu au baptême le nom de *Dominique*, et de Moracius. Les bulles qui leur servirent d'introduction, et dont l'une est datée du 30 septembre 1289, et l'autre du 2 décembre, ne furent reçues en Angleterre qu'en 1290; ce qui marque le temps du séjour que ces envoyés firent en France. Le pape y annonce l'intention de faire partir un ambassadeur avec ces mêmes envoyés; mais il est douteux qu'il ait donné suite à cette idée.

Act. Rymer. tom. I, part. III, p. 76.

Au lieu de se rebuter de l'inutilité de ses démarches, Argoun en fit encore une en 1291. Il envoya à Rome un personnage nommé *Chagan* ou *Khakan*, et chargé de lettres pour le pape et pour le roi d'Angleterre. Nicolas IV, après avoir pris connoissance de celles qui lui étoient adressées, fit passer les autres à Édouard. Les unes et les autres avoient le même objet. Le roi de Perse, comme dans les précédentes, tâchoit d'engager les chrétiens à faire, de concert avec lui, une expédition en Syrie. Mais, quoique le roi d'Angleterre eût en effet pris la croix, la reddition de Ptolémaïs, qui venoit d'avoir lieu cette année, et dont la nouvelle étoit certainement parvenue en Europe au moment où Khakan y arriva, s'opposa sans doute à ce que les projets qu'on avoit formés pussent se réaliser. La perte de cette place, la seule que les Francs possédassent encore en Syrie, empêcha les princes d'Occident de songer davantage à ces guerres lointaines. Il n'y eut plus que les papes qui s'efforcèrent encore, mais sans succès, de les renouveler, et, circonstance aussi singulière que peu remarquée, ils trouvèrent pour les solliciter, dans les rois Mongols, des auxiliaires aussi actifs et plus persévérans qu'eux-mêmes. Les Français n'avoient plus d'intérêt à conserver des liaisons avec les Tartares; mais les Tartares firent à leur tour toute sorte d'efforts pour renouer des négociations dont ils se promettoient apparemment de grands avantages.

Oder. Rayn. 1291, XXXII. Dans la réponse que Nicolas fit à la dernière lettre d'Argoun, le pontife ne paroît compter que foiblement sur l'assistance du roi d'Angleterre, et il emploie les raisons les plus pressantes pour attirer le prince Mongol au christianisme. Cette conquête importante, si elle eût pu s'effectuer, auroit bien valu celle de la Palestine; et la conversion des Mongols, venant après les croisades, auroit été le résultat le plus heureux et le plus solide des expéditions d'outre-mer et des relations qu'elles avoient fait naître. Par malheur, les Mongols, toujours indécis entre les deux religions, ou peut-être voulant ménager les partisans qu'elles avoient dans les contrées qui leur

étoient

étoient soumises , n'étoient pas un peuple qu'il fût aisé de convertir; et, quoique les princes, guidés par leur intérêt, eussent peut-être une bonne volonté plus marquée pour le christianisme, il se trouvoit un bon nombre de chefs qui, plus particulièrement soumis à l'influence des musulmans , passoient dans les rangs des ennemis des chrétiens, tandis que le gros de la nation, attaché par habitude à l'antique croyance Tartare, voyoit les deux cultes de l'Occident avec une égale indifférence. Sans cette disposition, qui ne tarda pas à leur être fatale, les Mongols auroient sans doute fini par se faire un appui de l'un ou de l'autre. S'ils n'eussent pas dédaigné ce moyen facile de grossir le nombre de leurs partisans, on peut croire que la destruction du pouvoir des Il-khaniens en Perse n'auroit été ni si prompte ni si complète. Les Turks, introduits en Occident comme esclaves, ont occupé tous les trônes de l'islamisme et fondé des dynasties durables ; et les Mongols , après avoir soumis l'Asie et fait trembler l'Europe, purent à peine se maintenir en Perse pendant soixante années, et n'y ont pas laissé une seule des tribus de leur race. La ferveur des Turks dans la croyance qu'ils avoient embrassée, l'indécision des Tartares et leurs variations perpétuelles, doivent être comptées parmi les causes qui peuvent expliquer cette différence.

Les lettres que le pape écrivit à Argoun par le retour de Khakan, à Khodabendeh, qu'on lui avoit dit baptisé sous le nom de *Nicolas,* à Cassianus ou Gazan, à leur frère Saron, au général Mongol Thogadjar, et à la reine Anichoamin, sont rapportées dans les annales pontificales.

R

Elles n'ont qu'un foible intérêt, et ne nous apprennent rien de relatif à l'objet principal de ce Mémoire. Seulement celle que Nicolas IV adresse au roi de Perse, contient d'ardentes sollicitations pour engager ce prince à recouvrer la Terre-sainte et à faire une guerre implacable aux musulmans. Deux frères Mineurs, Matthieu et Guillaume, furent chargés de la porter, apparemment dans la compagnie de l'envoyé Mongol. Le pape les recommande vivement au roi de Perse; mais il ne paroît pas qu'ils aient été revêtus du caractère d'ambassadeurs, ni chargés de traiter aucune négociation politique.

Les règnes de Kandjaïtou et de Baïdou (1291 — 1295) ne nous offrent presque aucun fait qui ait un rapport direct avec l'objet qui nous occupe. Le premier favorisa, dit-on, les musulmans; Hayton, qui lui attribue toute sorte de vices, dit qu'il n'avoit aucune religion, *nullam* *habebat legem vel fidem*. Son successeur, lui ayant enlevé le trône, se montra porté pour les chrétiens. Il bâtit des églises, et défendit de prêcher l'islamisme aux Tartares. Ces mesures lui aliénèrent l'esprit des musulmans, qui jetèrent les yeux sur Gazan, et lui offrirent le trône, à condition de renoncer au christianisme, qu'il avoit embrassé. Gazan, qui, suivant Hayton, avoit peu de foi et beaucoup d'ambition, se prêta à leurs manœuvres, et se fit leur prosélyte pour s'emparer de la couronne. Parvenu de cette manière au pouvoir, il se montra d'abord peu favorable aux chrétiens. Ceux d'Arménie furent seuls exempts des mauvais traitemens que l'influence de ses conseillers musulmans dirigeoit sur les chrétiens de Perse et de Syrie. La persécution dura jusqu'en 1298,

Hist. Orient.
cap. XXXIX.

époque où Gazan épousa la fille du roi d'Arménie, et se joignit à son beau-père pour attaquer le sultan d'Égypte Malek-naser (1). Dans cette expédition, il réalisa, mais un peu trop tard, les projets que ses prédécesseurs avoient tant de fois communiqués aux rois chrétiens, avant la destruction totale de la puissance des croisés. Il prit Damas, et ses troupes ravagèrent toute la Syrie. Koutlouk, l'un de ses généraux, s'avança du côté d'Antioche, et appela, d'après les ordres de son maître, les chrétiens de Chypre à son aide. Sir Amauri, frère du roi de Chypre, fut choisi pour conduire cette expédition, et vint à Antarados avec les grands-maîtres des Hospitaliers et des Templiers. Mais, comme ils étoient sur le point de se joindre aux Mongols, ceux-ci, sur le bruit qui se répandit que Gazan étoit dangereusement malade, se retirèrent à la hâte; le roi d'Arménie retourna dans ses états, et les Francs revinrent en Chypre, sans avoir tiré aucun fruit de leurs préparatifs.

Ce qu'il y avoit de favorable à la cause des chrétiens dans ces nouvelles, les fit parvenir promptement en Europe. « Lors advint, dit une chronique contemporaine,
» que ung innumerable et merveilleux ost assembla contre
» les Sarrazins, et eut son seneschal de tout son ost le
» roy d'Armenie crestien. Et premierement vers Halappe
» se combatist à eulx et après à Camel, et non pas
» sans grant abattis et occision de ses gens, et en rapporta

Hist. Orient. cap. XL.

XXXIII, §. 12

(1) An cest an aussi (1299), le roy des Tartarins Cassahan, qui *Grant-Cham* estoit appellé, merveilleusement, et par miracle, si comme l'en dit, avec grant multitude de ses gens, fut crestienné et converty par la fille du roi d'Armenie, qui estoit crestienne, laquelle il avoit espousée.

» victoire. Et puis, quant il eut son ost rappareillé et
» rassemblé, et ses forces reprinses, il ensuivit les Sarra-
» zins jusqu'à Damas, où le soudan estoit avec grant ost
» que il avoit là amené. Et lors entre icellui roy des
» Tartarins, le soudan et ses Sarrazins, eut illec grant
» et merveilleuse bataille et aspre, et furent destrenchés
» plus de cent mille Sarrazins.....et la saincte Terre
» fut sousmise en la main des Tartarins et en leur
» subiection. Et Pasques ensuivant, comme l'en dit, en
» Iherusalem le service de Dieu les crestiens avec exal-
» tation de grant ioye celebrerent. » Ces derniers mots

Chron. de Saint-Denys, livre du roy Philippe, fils du fils de ms. S. Loys, chap. XXV.

font entendre que les Mongols occupèrent Jésusalem ; et
rien n'étoit plus conforme aux vœux des chrétiens,
puisque Gazan avoit promis de leur livrer les terres qu'il
auroit conquises sur le sultan d'Égypte (1). Une telle expédition auroit été plus profitable aux Francs qu'une croisade, puisqu'elle les eût remis, sans coup férir, en possession de tout ce qu'ils avoient perdu.

On doit rapporter à cette époque une mission diplomatique confiée par le roi d'Aragon Jacques II à Pierre
Solivero, bourgeois de Barcelone, et dont l'objet étoit de
s'entendre avec Gazan pour la conquête de la Terre-sainte.
Les deux pièces qui nous la font connoître, sont la lettre
écrite *au très-grand et très-puissant roi des Mongols, Gazan,
roi des rois de tout l'Orient,* par Jacques II, et la copie des
instructions données à l'ambassadeur Aragonais. Le roi

(1) *Libenter tradidissemus terras quas acquisivimus custodiendas chris-tianis, si venissent. Et, si venerint, Cotulossæ dabimus in mandatis quòd eis restituat omnes terras quas hactenùs tenuerunt, et ad reparationem castro-rum det eis subsidium opportunum.* (Hayt. *Hist. Orient.* cap. XLIII.)

Jacques témoigne à Gazan qu'il a appris avec joie ses succès contre les ennemis de Dieu ; il lui offre, s'il en a besoin, des secours en vaisseaux, galères, gens d'armes, chevaux et toute sorte de provisions qui pourroient être utiles à l'armée Tartare, et prie le prince Mongol de lui faire savoir par ses messagers ce qu'il desirera à cet égard. « Nous avons, dit-il, ordonné que tous ceux de nos sujets » qui voudroient passer dans ces contrées, en l'honneur » de Dieu, et pour l'accroissement de votre armée, pussent » le faire sans aucun obstacle. » Le reste de la lettre et les instructions dont P. Solivero étoit porteur, ont principalement pour but de demander, au nom du roi d'Aragon, s'il se décidoit à marcher au secours du roi de Perse, la possession de la cinquième partie de la Terre-sainte nouvellement conquise par ce dernier, ainsi que de toutes celles qu'il pourra conquérir par la suite. Le roi s'occupe aussi d'assurer aux sujets Aragonais la liberté de voyager et de faire des pélerinages au Saint-Sépulcre et ailleurs, sans payer de tribut. Cette lettre, qui suppose Gazan en pleine possession de la Terre-sainte, est datée de Lerida, au mois de mai 1300.

D.' Ant. de Capmany, Memorias historicas, &c. Supplément à la Coleccion diplomatica, tom. III, pag. 28, n.º XII.

La guerre entre Gazan et le sultan d'Égypte se prolongea pendant plusieurs années avec des succès divers. Le roi d'Arménie, son vassal fidèle, ou, comme disent nos chroniques, *seneschal de tout son ost,* vint avec quarante mille Tartares, sous la conduite de Koutlouk, ravager la Syrie, et prit Émesse et plusieurs autres villes. C'est par suite de ces événemens que Gazan fut, tout musulman qu'il étoit, ramené à l'idée d'une croisade, et qu'il envoya des ambassadeurs en Occident pour la solliciter.

Ses messagers vinrent à Paris, et renouvelèrent au roi de
France les anciennes propositions d'alliance, ainsi que
l'assurance de la disposition où étoit Gazan d'embrasser le christianisme (1). Ils passèrent ensuite en Angleterre, comme nous l'apprenons par deux lettres écrites
par Édouard Ier, l'une en réponse à celle de Gazan, l'autre
au patriarche des chrétiens Orientaux. On voit par ces
lettres que le principal envoyé de Gazan étoit ce même
Busquarel, nommé ici *Buscarellus de Guissurfo*, qui étoit
venu en 1289 de la part d'Argoun. Il sembleroit que le
roi de Perse se seroit plaint du long intervalle que les
Francs avoient laissé écouler sans venir au secours de la
Terre-sainte; car, dans sa réponse, le roi d'Angleterre
s'applique à les justifier. Il informe le roi Tartare que les
chrétiens ont été en guerre, mais qu'ils se sont accordés
entre eux, et qu'ils se réuniront pour le grand objet de la
délivrance de la Terre-sainte. Là lettre d'Édouard est
datée de Westminster, le 12 mars 1302. S'il n'y a pas
d'erreur dans cette date, il faut supposer de deux choses
l'une : ou que les envoyés Tartares, dont l'arrivée à la cour
de France est rapportée à l'an 1303, ne vinrent à Paris
qu'à leur retour de Londres, ce qui n'est pas très-vrai-
semblable; ou qu'il y eut deux ambassades Mongoles,
l'une en Angleterre en 1302, l'autre en France en 1303.

Act. Rymer.
tom. II, p. 918
et 919.

(1) Après en l'an ensuyvant
mil ccc et iij vindrent à Paris au
roy de France les messagiers aux
Tartarins, disant que le roy de
France et les barons du peuple
crestien, leurs gens en l'aide de la
saincte Terre envoyassent; et le
seigneur d'eulx, le seigneur de
Tartarie, aux Sarrazins se combat-
troit, et seroient faiz tant luy comme
son peuple de bonne voulenté crestien. (*Chron. de Saint-Denys, règne
de Philippe-le-Bel*, c. XLIX.)

Une erreur de chiffres dans la collection de Rymer paroît une supposition encore plus plausible.

Pendant que Gazan faisoit ainsi offrir son alliance aux princes d'Occident, les avantages qui auroient pu la leur rendre précieuse étoient considérablement diminués. Une grande bataille que les musulmans gagnèrent, obligea les Mongols et le roi d'Arménie à repasser l'Euphrate avec une grande perte. Gazan, pour dédommager son allié des revers qu'il avoit éprouvés, lui donna un corps de Mongols, entretenu à ses propres frais, et qui devoit le défendre contre les incursions des musulmans. Un corps de Sarrasins qui s'étoit avancé jusqu'à Tarse, fut taillé en pièces, et il n'en échappa pas trois cents, quoiqu'ils eussent espéré envahir tout le royaume, et, suivant l'expression d'un historien, *avaler d'une bouchée tous les chrétiens d'Arménie.* Cette affaire tint pour quelque temps les Sarrasins éloignés des frontières du roi Hayton, qui en profita pour conclure une trève avec le sultan d'Égypte. Quant à Gazan, il fut, dit-on, si affligé de sa défaite, que le chagrin qu'il en conçut lui causa la maladie dont il mourut. *Hayt. Hist. Or. c. XLV.*

Son successeur Khodabendeh, fils d'une mère chrétienne, avoit été baptisé sous le nom de *Nicolas,* et il persévéra dans la foi jusqu'à la mort de sa mère. Il embrassa ensuite le musulmanisne, et c'étoit cette religion qu'il professoit quand il monta sur le trône en 1304. Cependant six mois s'étoient à peine écoulés quand il songea à reprendre les erremens de ses prédécesseurs, en formant des alliances avec les rois chrétiens. Tel fut l'objet d'une mission dont les historiens ne nous ont pas conservé le souvenir, mais dont nous tirons la connois- *Id. ibid.*

sance d'une pièce originale conservée, comme celles dont nous avons déjà donné l'analyse, dans les archives du roi de France, où elle dut être déposée au temps même de cette négociation.

Cette pièce est un rouleau de papier de coton de dix-huit pouces de hauteur sur plus de neuf pieds de longueur, contenant quarante-deux lignes en langue Mongole et en caractères Ouïgours , tout-à-fait semblables à ceux de la lettre d'Argoun, que nous avons précédemment fait connoître. Sur cette longueur on a imprimé cinq fois un grand cachet carré, en encre rouge. Au revers et à l'un des bouts se trouve, en petite écriture à peine lisible, une traduction Italienne de la lettre Mongole. Voilà pour la description matérielle de ce monument singulier , sur lequel nous avons à faire plusieurs remarques impor-tantes.

En premier lieu , nous observons entre les deux pièces dont il s'agit une différence notable dans la dimension du papier, la longueur des lignes, la largeur des marges et des intervalles. On sait que toutes ces particularités ont leur importance aux yeux des Orientaux, et qu'elles sont, dans les usages de leur diplomatie, un moyen d'exprimer et de graduer les marques d'estime qu'ils accordent aux princes avec lesquels ils veulent traiter. Argoun, malgré sa *bonté et bienveillance,* s'en étoit tenu, à cet égard, au plus strict nécessaire. Sa lettre n'offroit point de marges et presque pas de blancs, et elle n'avoit que six pieds et demi de long. Celle que nous examinons en ce moment est bien plus respectueuse : elle a une longueur de dix pieds, et le sceau y est apposé cinq fois au lieu de trois. Du reste, la

disposition

Voy. *le Recueil de pièces et la planche lithogra-phiée.*

disposition des lignes est conforme à l'usage que nous avons eu occasion de remarquer : je veux dire que les noms auxquels le prince Mongol desire marquer du respect sont reportés au haut de la ligne, un peu au-dessus du niveau général. De ce nombre est son propre nom. Celui du prince à qui la lettre est adressée, est, au contraire, abaissé au milieu de la hauteur de la lettre, conformément à l'étiquette.

Quant au sceau ou cachet qui est imprimé sur cette lettre comme sur celle d'Argoun, il constate un fait qui n'est peut-être pas connu d'ailleurs ; c'est que Khodabendeh reconnoissoit, comme les premiers princes de sa dynastie, la suprématie du khakan ou empereur de tous les Tartares, qui régnoit à Péking. On assure que Gazan, en parvenant à l'empire, avoit fait effacer le nom des grands khans de Tartarie sur les monnoies qui avoient cours dans ses états, et qu'il n'avoit plus voulu reconnoître ces princes. Si cela est, il faut que son successeur ait renoué lui-même les liens qui le rattachoient au chef de sa maison, puisqu'il faisoit usage, dans les circonstances solennelles, du sceau qu'il en avoit obtenu, et dont l'inscription, en caractères Chinois, constatoit tout à-la-fois son autorité et son vasselage. Un événement dont nous parlerons bientôt en analysant sa lettre, pouvoit avoir contribué à le ramener à cet ancien ordre de choses, établi par Tchinggis-khakan, et maintenu par ses premiers successeurs. Au reste, le titre énoncé sur ce sceau est si honorable, qu'un roi de Perse ne pouvoit qu'être flatté de le tenir d'un empereur de la Chine. La légende en caractères antiques de l'espèce de ceux qui sont composés de lignes

Deguign. Hist. des Huns, t. III, pag. 269.

S

brisées, et qu'on nomme *chang fang ta tchouan*, doit être transcrite de la manière suivante :

之 tchi 萬 wan 系 hi 皇 hoang 眞 tchin
寶 pao 夷 i 順 chun 帝 ti 命 ming.

Elle signifie : *Par un décret suprême, sceau du descendant de l'empereur, chargé de réduire à l'obéissance les dix mille barbares.* Par ces derniers mots on n'entend pas seulement les Persans, mais les chrétiens, et en général tous les peuples occidentaux qui reconnoissoient ou qui devoient reconnoître l'autorité du fils du Ciel.

D'Herbelot, Biblioth. Or. au mot Algiaptou.

Quoique converti au musulmanisme, le prince Mongol n'emploie pas dans sa lettre à Philippe-le-Bel les noms qu'il avoit pris en adoptant cette croyance, *Ghayath-eddin Khodabendeh Mohammed :* il ne se désigne lui-même à la première ligne que par ces mots, commençant au haut de la page :

ﺳﺨﻨﺪﺎﻥ ﻣﻦ ﺍﻟﺠﺎﻳﺘﻮ ﺳﻠﻄﺎﻥ

Parole de moi, Œldjaïtou sultan. Le nom d'*Œldjaïtou* est celui qu'il avoit dans sa propre langue (1) : il est formé du mot Mongol ﺍﻭﻟﺠﺎﻱ *richesse* ou *bonheur*, avec la particule adjective ou attributive ﺗﻮ, et signifie *le riche* ou *le fortuné.* Le titre de *sultan* est une marque de l'adhésion de ce prince aux usages des musulmans, et c'en est une

---

(1.) D'Herbelot, et Deguignes après lui, ont altéré ce nom, en l'écrivant *Algiaptou.* Cette différence provient de ce qu'ils ont lu, dans une transcription en lettres Arabes, ﺍﻟﺠﺎﻳﺘﻮ au lieu de ﺍﻟﺠﺎﻳﺘﻮ

autre que la suppression des deux formules *par la force du ciel, par la grâce du khakan*, qui auroient dû précéder le nom du prince. L'omission de la dernière est sur-tout singulière, dans une pièce marquée d'un sceau accordé par le khakan. *Œken-manou* [ma parole] est une expression que nous avons déjà remarquée en faisant connoître la lettre d'Argoun. Voy. plus haut *pag. 109.*

Les trois lignes suivantes, commençant au milieu de la page, d'après un autre usage qui a été expliqué précédemment, contiennent la suscription ; elles portent : *A Iridfarans sultan, et aux autres sultans des peuples Firankout,* c'est-à-dire, au sultan Redfrans, et aux autres sultans des Francs. Ainsi la lettre n'est pas adressée seulement à *Redfrans*, ou Philippe-le-Bel, mais à lui d'abord et aux autres princes chrétiens. Œldjaïtou leur donne le titre qu'il prend lui-même, celui de *sultan*, que, depuis, les souverains musulmans n'ont guère accordé qu'aux rois de France. Ce mot Arabe a pris dans la troisième ligne la terminaison du pluriel Mongol, *souldat*. Il en est de même du mot *Firank* [Franc], qui fait au pluriel *Firankout* [les Francs], comme dans les noms de *Telengout, Tourgaout, Tangout,* &c. *Recherches sur les langues Tartares, tom. I, p. 170, 180.*

Œldjaïtou commence par rappeler les alliances et l'amitié qui ont existé jusqu'à ce moment entre les rois des Francs et les Mongols, au temps de son bisaïeul, de son aïeul, de son père et de son frère aîné. Ces noms de parenté sont tous accompagnés du mot ﺴﺎﻳﻦ, qui signifie *bon* en mongol comme en mandchou, et ils forment autant d'*alinéa*, parce qu'il a fallu les reporter au haut de la ligne, en témoignage du respect que leur porte le prince qui écrit. Son frère aîné étoit Gazan ; son père, Argoun ; son grand-père, Abaga ; et son bisaïeul, Houlagou. Ainsi Œldjaïtou fait remonter les alliances des Mongols avec les chrétiens au règne du fondateur de la dynastie des Mongols de Perse ; et c'est en effet à cette époque, qui marque le commencement de ce second Mémoire, que les relations des Occidentaux avec les Tartares devinrent amicales, d'hostiles qu'elles avoient été en général jusque là, comme on a pu le voir dans le premier Mémoire. L'expression de ce souvenir occupe les quatre lignes interrompues et les trois lignes entières, jusqu'à la onzième inclusivement.

A la douzième, le prince Tartare expose que, se trouvant, par la force du ciel, assis sur le trône, son intention est de s'en tenir aux ordres qu'ont donnés son aïeul, son père et son frère aîné, aux conventions qu'ils ont faites, et aux paroles qu'ils ont prononcées, comme si c'étoient des sermens. Il se propose même d'accroître encore les relations amicales que ses prédécesseurs ont entretenues, et tel est l'objet dont il chargera ses ambassadeurs et ceux qu'il enverra par la suite. Ces assurances vont depuis la douzième ligne jusqu'à la dix-neuvième. On peut y remarquer l'emploi de cette formule, *Par la force de Dieu,* ou *du Ciel,* qui avoit disparu du préambule, et qui n'en revient pas moins dans le courant de la lettre, avec d'autres formules plus tartares que musulmanes.

A la ligne vingtième, Œldjaïtou raconte « que les intri-» gues et les mauvais rapports de gens malintentionnés » avoient jeté la mésintelligence entre les princes »; mais que, « conformément aux vues du ciel, le khakan Tamour,

» Touktoukha, Tchapar, Toukha et nous, dit-il, tous issus
» du sang de Tchinggis-khakan, divisés depuis quarante-
» cinq ans, nous nous sommes accordés et avons fait la paix
» ensemble, comme des frères aînés et cadets depuis le pays
» de Angkias, où le soleil se lève, jusqu'aux lieux où il se
» couche, et à l'Oulous du Koundalan, sur le lac de Talou. »
Ce passage est fort curieux pour l'histoire des Mongols. Il
présente dans les caractères originaux plusieurs noms de
princes qui n'étoient connus que par des transcriptions en
lettres Arabes, et notamment celui de Tchinggis-khakan,
dont la véritable orthographe avoit été ignorée jusqu'ici, et
dont la prononciation s'étoit diversement altérée en passant
par la bouche des peuples Occidentaux. Dans cette énumé-
ration de princes Tartares, le nom du khakan Tamour et
celui de Tchinggis sont avec le mot فيدا *bida* qui signifie
nous, et par lequel Œldjaïtou désigne tous les rois issus du
sang de Tchinggis, les seuls qui aient été reportés au haut
de la ligne, près de la marge. Touktoukha est le prince du
Kaptchak que Pachymère nomme Τοκταις; Hayton, *Hoch-*
tay; Pétis de la Croix, *Tocta* ou *Belgaba;* et Deguignes,
Toghtagou. Tchapar étoit petit-fils et Toukha fils de Ho-
chi, quatrième fils d'Oktaï. Kaïdou, frère de Toukha, avoit
soulevé les tribus Tartares qui habitoient au nord et au
nord-ouest de Kara-koroum. Son frère et son fils avoient
continué de résister à l'autorité du khakan. La révolte des
princes Mongols dans le nord commença à l'occasion de
l'avénement de Khoubilaï, c'est-à-dire, vers 1260. La soumission de Toukha et de Tchapar, annoncée par le roi de
Perse à Philippe-le-Bel, eut lieu, suivant l'histoire Chinoise, vers le milieu des années *Ta-te,* c'est-à-dire, entre

Reecherches sur les langues Tartares, tom. I, pag. 170, n.º 4.

Pachym. Hist. Andronic. l. III, c. XXVII, pag. 181.

Hist. Or. cap. XLVII.

Hist. des Huns, tom. I, p. 287.

1303 et 1305, par conséquent environ quarante-cinq ans
après le commencement de la guerre de Tartarie, ainsi
que l'écrit Œldjaïtou au roi de France. Ces divisions, qui
avoient duré près d'un demi-siècle, n'avoient pas peu
contribué à affoiblir les Mongols de Perse, qui s'étoient
trouvés isolés au bout de l'Asie, abandonnés à eux-mêmes,
et dans l'impossibilité de recruter, comme autrefois, leurs
armées en Tartarie. La réconciliation générale qui mettoit
fin à cet état de choses, étoit donc un événement important
aux yeux d'Œldjaïtou, qui, en l'annonçant à ses alliés,
sembloit leur promettre une coopération plus active que
n'avoit été celle de ses prédécesseurs dans la guerre contre
les musulmans.

Le nom du pays d'*Angkias* ne m'est pas connu. Quant
à l'oulous du Koundalan sur le lac de Talou, on a déjà
vu qu'il s'agissoit du campement ordinaire des princes de
la race d'Houlagou, dans la plaine de Moughan, au nord
du lac d'Ourmiya. La position en est assez clairement
indiquée dans la lettre Mongole, pour qu'il ne reste pas
même cette légère incertitude que nous n'avons pu lever
complétement dans la lettre d'Argoun. Le passage que je
viens de commenter finit avec la vingt-neuvième ligne.
Dans les suivantes, le prince Mongol exprime le desir de
renouveler l'alliance que son bon aïeul, son père et son
frère aîné ont entretenue avec les sultans des Francs, *Fi-
rangout-oun souldat.* « C'est pour cela, dit-il, que j'envoie
» deux ambassadeurs, Mamlakh et Touman, qui explique-
» ront de vive voix mes intentions. » Œldjaïtou ajoute qu'il
a appris avec plaisir la fin des démêlés qui avoient existé
entre les sultans des Francs, c'est-à-dire, la fin de la guerre

*Ci-dessus, pag.
114.*

de Guienne. « La paix, dit-il, est une bonne chose. » Et
cette réflexion semble faire partie du protocole Tartare ;
car elle se retrouve dans la lettre d'Ogoul-gaïmisch à
S. Louis. Il ajoute que, grâce à l'alliance proposée, on
pourra, *avec la force du ciel*, se liguer contre ceux qui ne
voudront pas s'y réunir, et qu'il en arrivera ce qui plaira
au ciel. Par ces expressions, le roi Tartare semble indiquer
la résolution de faire la guerre au sultan d'Égypte, comme
il la fit en effet un peu plus tard. Mais c'étoit là, sans
doute, un des points que ses ambassadeurs devoient traiter
directement avec les princes des Francs.

Le corps de la lettre, avec les phrases que nous venons
d'extraire, finit au haut de la quarantième ligne. Ce qui suit
jusqu'à la fin de la quarante-deuxième, n'est autre chose
que la date exprimée en ces termes : « Ma lettre (a été écrite)
» la 704.ᵉ année, l'an du serpent, le 8 de la première lune
» d'été. » Viennent ensuite quelques noms de localités qui
ne nous sont pas connus, et le tout est terminé par le mot
وڪتوم, *j'ai écrit*, tracé en forme de paraphe comme dans
la lettre d'Argoun.

Ci-dessus, pag.
114.

Ce que cette date offre de remarquable, c'est l'année de
l'ère de l'hégire, employée concurremment avec le système
de numération des années et des mois particulier aux
Tartares et aux Chinois. L'année 704 de l'hégire a fini le
23 juillet 1305. L'année du serpent, sixième du cycle, a
commencé au mois de février 1305. Le temps dans lequel
la lettre a été écrite est donc celui qui a été commun à
l'année du serpent et à l'an 704 de l'hégire, c'est-à-dire,
celui qui s'est écoulé entre le mois de février et le 23 juillet
1305 ; et comme le jour indiqué est le 8 de la quatrième

lune, il répond à l'un des premiers jours de juin de cette
année.

La traduction Italienne, écrite au revers de cette pièce,
a, sans aucun doute, été faite dans le temps par quelqu'un
qui savoit le mongol et l'italien, peut-être par un des envoyés Tartares. Elle m'a été fort utile pour entendre l'original ; si je ne l'avois pas eue, il eût été difficile de donner
une idée aussi précise du contenu de la lettre d'Œldjaïtou.
Il s'en faut pourtant de beaucoup qu'elle soit littérale, et l'on
s'aperçoit aisément qu'elle est, sur quelques points, plus
abrégée que le mongol, tandis que d'autres objets y sont
au contraire traités avec plus de développemens. Le nom
de l'un des ambassadeurs, Touman, est changé dans l'italien en celui de *Tomaso*, et accompagné d'une dénomination qui n'est point dans le mongol, *Iouldoutchi*. La date
n'est point rendue dans les termes de l'original. On a subs-
titué l'année de l'incarnation à celle de l'hégire, et l'an 1306
à l'an 1305, où nous avons vu que la lettre avoit certainement été expédiée. Pour indiquer le lieu où elle a été
écrite, on a ajouté les mots *in Nugiano, In Mogano*, qui
paroissent être la même chose avec une légère altération
et qui désignent évidemment la plaine de Moughan ou le
campement d'Œldjaïtou. La comparaison de cette traduction qu'on trouvera plus bas, avec l'analyse de l'original
que je viens de présenter, fera reconnoître d'autres diffé-
rences que je ne crois pas nécessaire de relever.

Nous ignorons entièrement quelle réception fut faite à
Touman et à Mamlakh en France, où ils durent venir
d'abord. La lettre originale qu'ils y laissèrent est la seule
trace de leur passage. Aucun historien n'en a parlé, aucune
copie

copie n'a été conservée des réponses que le roi de France dut faire à la lettre d'Œldjaïtou. Ce silence pourroit donner lieu de présumer qu'on n'attacha pas beaucoup d'importance à cette négociation, ou qu'on ne se sentit pas en mesure de répondre aux propositions qui en étoient l'objet. Les ambassadeurs Tartares passèrent de France en Angleterre, où ils arrivèrent après la mort d'Édouard I.er, c'est-à-dire, postérieurement au 7 juillet 1307, près de deux ans après la date de la lettre dont ils étoient porteurs. Cette circonstance, rapprochée de celle que nous avons déjà relevée en examinant la traduction Italienne de la pièce qu'ils avoient laissée à Paris, pourroit faire croire qu'ils s'étoient arrêtés long-temps, soit dans l'Orient, après l'expédition de leurs lettres de créance, soit à la cour du pape, où ils durent venir, comme la plupart des envoyés Tartares qui les avoient précédés, quoiqu'on n'y ait conservé presque aucun souvenir de leur séjour. Quoi qu'il en soit, on ne peut douter que ce ne soient les mêmes ambassadeurs qui vinrent en France et en Angleterre, et qu'ils n'aient apporté dans ce dernier royaume une expédition de la même lettre qu'ils avoient remise à Philippe-le-Bel, puisque le contenu presque en entier de cette lettre, et les expressions mêmes qui y sont employées, sont répétés dans le résumé qu'en fait Édouard II en y répondant.

Cette réponse, adressée par le roi d'Angleterre au *pacificateur des dix mille barbares* (comme le roi de Perse est nommé dans l'inscription Chinoise), est datée de Northampton, le 16 d'octobre 1307. C'est cette lettre qui nous apprend que les envoyés Tartares étoient arrivés en Angleterre à l'époque de la mort d'Édouard I.er, qui

Act. Rym. I, part. IV, p. 193.

T

n'avoit pu les voir : *Qui, antequam ad ipsum venissent, extremum clauserat diem fati.* Le roi dit qu'il a admis les envoyés, reçu les lettres dont ils étoient chargés, et écouté les choses qu'ils lui ont exposées de la part du roi des Tartares. « Nous vous remercions, ajoute-t-il, pour la bien-
» veillance et l'amitié que vous et vos ancêtres avez eues
» à l'égard de notre père, et que vous avez encore pour
» nous... et pour l'affection et l'union que vous desirez
» établir et accroître entre vous et nous... Nous nous
» réjouissons de la paix qui a été faite entre vous, depuis
» le lieu où le soleil se lève, jusqu'aux frontières au-delà
» de la mer... Nous voulons que votre Excellence royale
» soit informée que nous, en deçà de la mer, qui avons
» été divisés, nous avons rétabli la paix et la concorde,
» et que nous espérons fermement que cette paix et cette
» concorde termineront définitivement les démêlés quel-
» conques qui avoient été suscités (1). » Je ne rapporte cet extrait de la réponse d'Édouard II que pour prouver démonstrativement ce que j'ai avancé, savoir, que la lettre apportée en Angleterre en 1307 étoit la même qui avoit

(1) *Excellentissimo principi domino Dolgieto, regi Tartarorum illustri, Edwardus, &c... Celsitudinis vestræ nuncios, ad celebris memoriæ dominum Edwardum, nuper regem Angliæ, patrem nostrum (qui, antequam ad ipsum venissent, extremum clauserat diem fati), cum litteris vestris missos..... admisimus, et litteras vestras prædictas, ac ea quæ iidem nuncii vestri nobis, ex parte vestra, per commissam ipsis à vobis credentium retulerunt, audivimus et intel-* *leximus diligenter. — De benevolentia et amore quos vos et progenitores vestri erga dictum genitorem nostrum et nos hactenùs gessistis et adhuc &c. De pace siquidem ab ortu solis usque ad confinia ultra mare, Deo propitio, per vos facta, gaudemus in Domino, et efficimur valdè læti.... Cæterùm super eo quod intelligi vobis datur, quòd inter nos qui discordes fuimus citra mare, pax et concordia reformantur, Excellentiæ vestræ regiæ volumus esse notum, &c.*

été expédiée du Koundalan en 1305. Cette réponse, au reste, ne contient rien d'important, et l'on pouvoit juger, en la lisant, que la négociation à laquelle elle se rapportoit, n'ameneroit aucun résultat.

Les propositions que le roi de Perse n'avoit pas insérées dans sa lettre, et qui devoient être développées par ses ambassadeurs, nous resteroient inconnues, si le pape, à qui elles avoient été adressées comme aux autres souverains chrétiens, n'en eût fait une mention expresse, en répondant, pour sa part, à la lettre d'Œldjaïtou. C'est de sa réponse, datée de Poitiers le 1.er mars 1306, que nous en tirons la connoissance. Le pape avoit vu ce Touman, envoyé Mongol, qui est nommé *Thomas Iouldoutchi* dans la traduction Italienne de la lettre à Philippe-le-Bel, et qu'il désigne par le même surnom (1). Il avoit lu la lettre qui lui avoit été remise, et appris en outre de la bouche de l'envoyé, qu'Œldjaïtou offroit aux chrétiens, pour le recouvrement de la Terre-sainte, deux cent mille chevaux, deux cent mille charges de blé, rassemblés en Arménie, et de plus un secours de cent mille cavaliers que le prince Mongol s'offroit à conduire en personne. Le pontife avoit écouté avec le plus grand intérêt des propositions si séduisantes; il les avoit discutées avec les ambassadeurs, et il s'engageoit, après un mûr examen, à faire savoir au roi de Perse, par des lettres ou par des envoyés, quelle seroit l'époque du passage des chrétiens en Orient, pour que le secours promis pût être préparé à temps. La difficulté étoit de décider les rois d'Europe à entreprendre

*Oder. Rayn.
1306, XXX,
pag. 37.*

_____

(1) *Thomam Ilduci nuncium tuum* | *tua portavit, consuetâ sedi apostolicæ*
et litteras quas ipse nobis ex parte | *benignitate recepimus.*

une croisade. Ils prenoient alors moins d'intérêt que les

Oder. Raynald.
1308, XXX.

princes Tartares à la délivrance de la Terre-sainte, ou, pour mieux dire, à l'abaissement du sultan d'Égypte. On sait que Clément V échoua dans ses efforts pour rallumer l'ardeur des guerres saintes. On voit ici quels étoient l'origine de ses projets et le fondement des espérances qu'il avoit conçues.

On voit aussi, en comparant les renseignemens puisés à des sources si différentes, que ce ne fut pas, comme le

Biblioth. Or. au
mot Algiaptu.

donne à entendre d'Herbelot, la défection de plusieurs émirs Syriens et Égyptiens qui avoient quitté le service du sultan pour venir trouver Œldjaïtou, qui décida ce dernier à la guerre qu'il entreprit en 1312. Ce prince ne fit par-là que mettre à exécution un dessein qu'il avoit formé dès le commencement de son règne. Seulement, comme le concours des Occidentaux, qu'il avoit sollicité, lui manqua au moment d'agir (1), la guerre traîna en longueur, et ne produisit pas d'événemens importans. Œldjaïtou fut ensuite attiré par d'autres guerres dans les parties orientales de son empire, et sa mort, qui survint peu d'années après, mit fin pour toujours au projet d'al-

---

(1) C'est au règne d'Œldjaïtou qu'appartient le voyage de Pierre Desportes, ambassadeur du roi d'Aragon, comme on le voit par les premiers mots de la lettre de ce roi : *Illustri et magnifico Olvecacu, Dei gratiâ regi dels Mogols*, &c. Mais il faut nécessairement qu'il y ait une erreur dans la date de 1293 assignée à cette lettre et aux instructions de l'ambassadeur par D. Martin Fernandez de Navaretto, qui les a publiées (*Dissertation déjà citée*, *p. 175; Append. n.º XVII*) ; car Œldjaïtou ne commença de régner qu'en 1304. Cette négociation, comme la plupart de celles que Jacques II entama avec divers princes de l'Orient, paroît avoir eu pour principal objet les relations commerciales que les Aragonais cherchèrent à ouvrir avec les contrées du Levant. L'ambassadeur Pierre Desportes étoit chargé de demander que tous les sujets de

liance entre les Mongols et les Occidentaux. On n'en trouve du moins aucune trace sous le règne de son successeur immédiat, Abousaïd (1316 — 1355) ; et les troubles qui déchirèrent le royaume Mongol de Perse jusqu'à sa destruction en 1355, ne permettent pas de penser qu'on ait pu y songer davantage.

A l'époque dont nous venons de parler, les écrivains qui, par zèle ou par intérêt, cherchoient à ranimer l'ardeur des Occidentaux pour les croisades, et qui, par des mémoires plus ou moins approfondis, s'efforçoient de faire voir les chances de succès qu'une nouvelle expédition de ce genre pouvoit offrir, attachoient une grande importance aux secours qu'on devoit attendre des Mongols. L'idée de les employer comme auxiliaires de l'armée qu'on Ci-dessus, p. 5. eût voulu faire passer en Syrie, avoit pris naissance dans l'Orient, parmi les chrétiens de Chypre et d'Arménie, plus intéressés encore que les Occidentaux au rétablissement des états des croisés, et plus à portée de juger de la part que les Tartares pouvoient et desiroient y prendre. Hayton, chargé par le souverain pontife de rédiger un mémoire sur ce sujet, nous fournit les moyens de savoir

son maître pussent acheter et vendre dans les états des Mongols les armes, chevaux, provisions et toutes autres choses qui seroient nécessaires à l'armée Aragonaise, lorsqu'elle auroit passé la mer, et aussi qu'il fût libre à tout chrétien Arménien, Grec ou de toute autre nation, qui voudroit venir à cette armée, de s'y rendre sans empêchement. Je regrette que l'erreur de date dont j'ai parlé, et que je n'ai pas le moyen de corriger, m'empêche de classer cette négociation dans l'ordre chronologique d'après lequel les autres faits du même genre sont disposés dans ces Mémoires : mais il y a lieu de croire qu'elle dut tenir à l'ambassade envoyée en Occident par Œldjaïtou en 1305, et qu'elle est, par conséquent, de l'an 1307 ou environ. Les écrivains Espagnols, qui peuvent vérifier les monumens originaux, auront à prononcer sur cette conjecture.

Hayt. Histor.
Orient. c. XLIX
— LX.
avec certitude quelles étoient, à cet égard, les idées des politiques contemporains. Après avoir établi que les guerres
saintes avoient un objet légitime et avoué par la raison,
il fait une revue rapide des révolutions qu'a éprouvées la
puissance des sultans d'Égypte en Syrie, pour montrer
que le moment est arrivé de lui porter les derniers coups.
Parmi les moyens que les Francs doivent employer à cet
effet, il place au premier rang l'alliance des Tartares.
Les Tartares sont prêts ; ils offrent aux chrétiens de
les aider à détruire les perfides Sarrasins. Leur roi
Carbanda [Khodabendeh] envoie exprès des ambassadeurs pour annoncer qu'il emploiera toute sa puissance
à l'anéantissement des ennemis du nom chrétien. Avec ce
secours, on pourroit facilement reconquérir la Terre-sainte
et subjuguer le royaume d'Égypte. Il convient donc que
les chrétiens se montrent, et sans tarder ; car le moindre
délai pourroit avoir de grands inconvéniens, si Carbanda,
l'ami des chrétiens, venoit à manquer. Il faudroit lui envoyer des ambassadeurs, et lui demander deux choses
par-dessus tout : l'une, qu'il fît publier dans tous ses états
la défense de porter aux ennemis des vivres ou des mar-
chandises de quelque espèce que ce fût; l'autre, qu'il
fît tenir un corps de troupes dans les environs d'Alep,
pendant que les Francs et les chrétiens de Chypre et
d'Arménie pousseroient avec vigueur par terre et par mer
la guerre contre les Sarrasins. Si les Tartares s'emparoient
du royaume de Syrie, et par conséquent de la Terre-sainte,
les chrétiens pourroient, tout en arrivant, recevoir d'eux
les villes et les forteresses, et les garder pour eux. « Car,
» dit Hayton, je connois assez les Tartares pour être assuré

» qu'ils livreroient volontiers les pays qu'ils auroient con-
» quis, aux chrétiens, qui les garderoient librement et
» tranquillement, sans impôt ni redevance. Les Tartares
» ne pourroient y habiter nulle part à cause de la chaleur. »
Nous avons déjà vu plus d'une fois que la température de
la Syrie étoit un obstacle qui avoit toujours empêché les
Tartares d'y former des établissemens durables, ou même
d'y remporter de solides avantages. Une autre raison
qu'Hayton ne dit pas, les obligeoit souvent à se borner à
faire en Occident des incursions rapides plutôt que de vé-
ritables expéditions : c'étoit la crainte qu'ils avoient d'être
inquiétés sur leurs frontières du côté du nord et de l'orient,
et aussi la nécessité de laisser dans le cœur même de l'empire, des corps nombreux pour contenir les musulmans,
qui y formoient le fond de la population, et qui étoient
toujours prêts à se soulever. Suivant Hayton, les Tartares ne faisoient pas la guerre au sultan d'Égypte pour
acquérir de nouveaux états, eux à qui toute l'Asie étoit
soumise ; mais ils vouloient se venger des maux que ce
prince leur avoit faits en toute occasion, particulièrement
quand ils avoient eu guerre avec les Tartares du Kaptchak et du Tchakhataï. On pensoit enfin qu'ils pourroient
favoriser le passage des croisés à travers la Turquie, leur
fournir des vivres, des chevaux, éclairer leur route, les
garantir de l'attaque des Turkomans et des Arabes, toutes
choses pour lesquelles l'agilité de leurs chevaux et leur
endurcissement à la fatigue pouvoient merveilleusement
servir. Mais on jugeoit avec quelque raison qu'un corps
auxiliaire de dix mille Tartares suffiroit pour cet objet,
et qu'une armée plus considérable auroit eu de grands

inconvéniens. « Si Carbanda, dit Hayton, ou quelque
» autre à sa place, entroit en Égypte avec une grande
» multitude des siens, il faudroit éviter de les accom-
» pagner ; car le roi des Tartares dédaigneroit de prendre
» conseil des chrétiens, et voudroit même qu'ils se con-
» formassent à sa volonté. Quand les Tartares sont foibles,
» ils se montrent obséquieux, humbles, et dévoués à l'ex-
» cès ; quand ils sont les plus forts, ils deviennent fiers,
» insolens et superbes. Ils ne pourroient s'empêcher d'in-
» sulter des auxiliaires moins puissans qu'eux-mêmes, et
» les chrétiens ne pourroient supporter leur arrogance. »
On voit qu'Hayton connoissoit bien les avantages et les
inconvéniens de leur alliance ; et c'est pour profiter des
uns, sans s'exposer aux autres, qu'il veut que les Tartares prennent la route de Damas, par où ils ont coutume d'entrer en Syrie, et occupent les contrées voisines,
pendant que les chrétiens se dirigeroient sur le royaume
de Jérusalem.

Sanut n'est pas aussi prévenu qu'Hayton en faveur
de l'alliance des Tartares. « Le roi d'Arménie, dit-il, est
» comme placé entre les dents de quatre bêtes féroces :
» le *lion*, ou les Tartares, auxquels il paie un gros tribut ;
» le *léopard*, ou le sultan, qui, chaque jour, vient rava-
» ger ses états ; le *loup*, ou les Turks, qui détruisent sa
» domination ; et le *serpent*, ou les corsaires de notre mer,
» qui rongent les os des chrétiens mêmes de l'Arménie. »
Toutefois, la guerre que les Tartares ont faite au sultan
et aux Sarrasins, à la requête du roi très-chrétien de
l'Arménie, lui paroît un effet de la vengeance divine pour
les cruautés exercées sur les chrétiens d'Acre et de la Syrie ;

Secret. fidel.
crucis, lib. I,
part. V.

Id. c. I.

et

et il pense que, si la nouvelle croisade s'effectuoit, les
Tartares descendroient dans les contrées de Sem et dans
la Syrie, de sorte qu'il seroit utile d'avoir leur amitié,
et de la cultiver par des présens, de bonnes paroles et
des ambassades réciproques, *tam per munera quàm per*
dulcia verba et mutuas salutationes : mais il ne veut pas que
l'expédition projetée ait lieu par l'Arménie, ni par l'île de
Chypre, mais par l'Égypte, et, par conséquent, sans le
concours immédiat des Tartares. Ces divers projets n'ayant
pas même reçu un commencement d'exécution, il est bien
superflu d'examiner quels eussent pu en être les avantages
et les inconvéniens.

Secret. fidel.
crucis, lib. 1,
part. V, c. III.

A l'époque dont nous parlons, les empereurs de Constantinople avoient aussi recherché l'alliance des Mongols.
Dès le temps de Gazan, Andronic, tourmenté par les
guerres qu'il avoit à soutenir contre les Turks, avoit voulu
se ménager le secours du roi des Mongols de Perse, et il lui
avoit fait offrir en mariage sa fille naturelle. Gazan l'avoit
accepteé, et s'étoit solennellement engagé, disent les Grecs,
à faire une guerre implacable aux ennemis de l'Empire.
Quatre ans après, si Pachymère n'a pas fait ici un double
emploi ou commis un malentendu, une nouvelle alliance
du même genre fut encore formée entre Œldjaïtou, d'une
part, et Marie, propre sœur d'Andronic, de l'autre. Cette
princesse, qui étoit honorée du titre de *souveraine des Mon-*
gols, fut conduite à Nicée avec un cortége convenable,
pour y traiter de vive voix de son mariage avec Œldjaïtou;
elle vint à bout d'obtenir du roi Mongol un secours de
trente mille soldats qui, de l'intérieur de la Perse, furent
envoyés sur les frontières orientales de l'empire Grec.

Pachym. t. II,
pag. 279.

Id. pag. 433.

V

Ces troupes, en donnant de l'occupation aux Turks commandés par Othman, procurèrent quelque relâche aux Grecs ; mais ce fut un secours passager, qui n'empêcha pas qu'après la mort d'Œldjaïtou, les Turks ne recommençassent à attaquer l'Empire, dont la capitale devoit, plus d'un siècle après, tomber entre leurs mains.

Je sortirois des bornes que je me suis prescrites dans ces Mémoires, et sur-tout dans le second, et je rentrerois dans le plan que s'est proposé Mosheim, et qu'il a passablement bien exécuté (1), si j'assimilois aux ambassades et aux négociations politiques qui ont été l'objet principal de mes recherches, les lettres de recommandation écrites par les papes, et les courses lointaines entreprises par des religieux de différens ordres pour répandre le christianisme en Tartarie. La fondation de l'archevêché de Khanbalikh et de l'évêché de Soultaniyeh, les permissions qu'il falloit obtenir des rois Tartares pour pouvoir prêcher l'évangile dans l'étendue de leurs états, ont fait naître de temps à autre, dans le courant du XIV.ᵉ siècle, des correspondances qui mériteroient, sous plus d'un rapport, de fixer notre attention, qui devoient exciter beaucoup d'intérêt dans le temps où elles eurent lieu, mais qui, n'ayant eu, ni dans leur objet, ni dans leurs résultats, aucun point de contact avec les événemens politiques, ne peuvent être examinées en détail dans un mémoire sur les relations diplomatiques des princes chrétiens avec les Mongols. Le sujet en est épuisé dès que les uns et les autres ont cessé d'avoir un intérêt commun, c'est-à-dire, quand

(1) Dans son *Historia Tartarorum ecclesiastica*, Helmstadt, 1741, *in-4.*°

les Francs ont définitivement renoncé à toute vue de
conquête en Palestine, et quand les Tartares n'ont plus eu
ni secours à leur offrir, ni coopération à attendre d'eux.
La mort d'Œldjaïtou et celle de Clément V me paroissent
propres à fixer l'époque de ce changement.

En arrivant à ce terme, il peut être utile de récapi-
tuler en peu de mots les principaux objets qui ont passé
sous nos yeux dans ces deux Mémoires, ne fût-ce que
pour mieux fixer le point de vue sous lequel on doit en-
visager les relations politiques des chrétiens avec les
Mongols. Les lieutenans de Tchinggis et de ses premiers
successeurs, en arrivant dans l'Asie occidentale, ne cherchèrent d'abord à y contracter aucune alliance. Les princes
dans les états desquels ils entroient, se laissèrent imposer
un tribut; les autres reçurent ordre de se soumettre. Les
Géorgiens et les Arméniens furent du nombre des premiers. Les Francs de Syrie, les rois de Hongrie, l'empereur lui-même, eurent à repousser d'insolentes somma-
tions. Le pape n'en fut pas garanti par la suprématie qu'on
lui reconnoissoit à l'égard des autres souverains chrétiens,
ni le roi de France par la haute renommée dont il jouissoit
dans tout l'Orient. La terreur qu'inspiroient les Tartares
ne permit pas de faire à leurs provocations la réponse
qu'elles méritoient. On essaya de les fléchir, on brigua
leur alliance, on s'efforça de les exciter contre les musulmans. On eût difficilement pu y réussir, si les chrétiens
Orientaux, qui, en se faisant leurs vassaux, avoient obtenu
du crédit à la cour de leurs généraux et de leurs princes,
ne s'y fussent employés avec ardeur. Les Mongols se
laissèrent engager à faire la guerre au sultan d'Égypte. Tel

fut l'état des rapports qu'on eut avec eux pendant la première période, qui a duré depuis 1224 jusqu'en 1262.

Dans la seconde période, le khalifat fut détruit; une
principauté Mongole se trouva fondée dans la Perse : elle
confinoit aux états du sultan d'Égypte. Une rivalité san-
glante s'éleva entre les deux pays : les chrétiens Orientaux
s'attachèrent à l'aigrir. L'empire des Mongols étoit divisé :
ceux de Perse eurent besoin d'auxiliaires. Leurs vassaux
d'Arménie leur en procurèrent. Ces auxiliaires furent les
Francs. Leur puissance déclinoit alors de plus en plus ;
elle ne tarda pas à être détruite. De nouvelles croisades
pouvoient la relever. Les Mongols en sollicitèrent en Occident. Ils joignirent leurs exhortations à celles des Géorgiens, des Arméniens, des débris des croisés réfugiés en
Chypre, et à celles des souverains pontifes. Les premiers
Tartares avoient débuté par des menaces et des injures;
les derniers en vinrent aux offres et descendirent jusqu'aux prières. Vingt ambassadeurs furent envoyés par
eux, en Italie, en Espagne, en France, en Angleterre ;
et il ne tint pas à eux que le feu des guerres saintes ne
se rallumât, et ne s'étendît encore sur l'Europe et sur
l'Asie. Ces tentatives diplomatiques, dont le récit forme,
pour ainsi dire, un épilogue des expéditions d'outre-mer,
à peine aperçues par ceux qui en ont tracé l'histoire,
ignorées même de la plupart d'entre eux, méritoient peut-
être de fixer notre attention. Il falloit rassembler les faits,
résoudre les difficultés, mettre en lumière le système
politique auquel se lient les négociations avec les Tartares. Les particularités de ce genre ne pouvoient être
appréciées, tant qu'on les considéroit isolément et sans les

examiner dans leur ensemble. On pouvoit mettre en doute,
comme Voltaire et Deguignes, qu'un roi des Tartares
eût prévenu S. Louis par des offres de service. Ce fait ne
paroissoit tenir à rien, et le récit en devoit sembler para-
doxal. Le même scepticisme seroit déraisonnable, quand
on voit que les Mongols n'ont fait autre chose pendant
cinquante années, et quand on s'est assuré, par la lecture
des écrits des contemporains et par l'inspection de monumens originaux, que cette conduite étoit naturelle de
leur part, qu'elle entroit dans leurs vues, qu'elle étoit
conforme à leurs intérêts, et qu'elle s'explique enfin par
les règles communes de la raison et de la politique.

Me sera-t-il permis, en terminant ces Mémoires, d'indiquer un nouveau point de vue sous lequel ces négociations extraordinaires me paroissent mériter d'être étu-
diées? La série des événemens qui s'y rattachent, sert à
compléter l'histoire des croisades. Mais la part qu'elles
ont pu avoir dans la grande révolution morale qui ne tarda
pas à s'opérer, les rapports qu'elles firent naître entre
des peuples jusqu'alors inconnus les uns aux autres, sont
des faits d'une importance plus générale et plus digne
encore de fixer notre attention. Deux systèmes de civilisation s'étoient établis, étendus, perfectionnés, aux deux
extrémités de l'ancien continent, par l'effet de causes
indépendantes, sans communication, par conséquent sans
influence mutuelle. Tout-à-coup les événemens de la
guerre et les combinaisons de la politique mettent en contact ces deux grands corps si long-temps étrangers l'un à
l'autre. Les entrevues solennelles des ambassades ne sont
pas les seules occasions où il y eut entre eux des rappro-

chemens. D'autres, plus obscurs, mais encore plus efficaces,
s'établirent par des ramifications inaperçues, mais innom-
brables, par les voyages d'une foule de particuliers entraî-
nés aux deux bouts du monde, dans des vues commerciales, à la suite des envoyés ou des armées. L'irruption
des Mongols, en bouleversant tout, franchit toutes les
distances, combla tous les intervalles et rapprocha tous les
peuples. Les événemens de la guerre transportèrent des
milliers d'individus à d'immenses distances des lieux où
ils étoient nés. L'histoire a conservé le souvenir des voyages
des rois, des ambassadeurs, de quelques missionnaires.
Sempad l'Orbélien, Hayton roi d'Arménie, les deux David
rois de Géorgie, et plusieurs autres, furent conduits par
des motifs politiques dans le fond de l'Asie. Yeroslaf, grand
duc de Sousdal, et vassal des Mongols, comme les autres
princes Russes, vint à Kara-koroum, où il mourut, em-
poisonné, dit-on, par la main même de l'impératrice
mère de l'empereur Gayouk. Beaucoup de religieux Italiens,
Français, Flamands, furent chargés de missions diplomatiques auprès du grand khan. Des Mongols de distinction
vinrent à Rome, à Barcelone, à Valence, à Lyon, à Paris,
à Londres, à Northampton, et un Franciscain du royaume
de Naples fut archevêque de Péking. Son successeur fut
un professeur de théologie de la faculté de Paris. Mais
combien d'autres personnages moins connus furent entraî-
nés à la suite de ceux-là, ou comme esclaves, ou attirés
par l'appât du gain, ou guidés par la curiosité dans des
contrées jusqu'alors inconnues ! Le hasard a conservé les
noms de quelques-uns : le premier envoyé qui vint trouver le roi de Hongrie de la part des Tartares, étoit un

Voyez la Bio-
graphie univers.
art. Montecor-
vino.

*Math. Paris,
ad ann. 1243.*

Anglais banni de son pays pour certains crimes, et qui,
après avoir erré dans toute l'Asie, avoit fini par prendre
du service chez les Mongols. Un Cordelier Flamand rencontra dans le fond de la Tartarie une femme de Metz,
nommée *Paquette,* qui avoit été enlevée en Hongrie; un
orfévre Parisien, dont le frère étoit établi à Paris sur le
grand pont; et un jeune homme des environs de Rouen,
qui s'étoit trouvé à la prise de Belgrade. Il y vit aussi des
Russes, des Hongrois et des Flamands. Un chantre, nommé
Robert, après avoir parcouru l'Asie orientale, revint mourir
dans la cathédrale de Chartres. Un Tartare étoit fournis-
seur de casques dans les armées de Philippe-le-Bel. Jean
de Plan-carpin trouva près de Gayouk un gentilhomme
Russe qu'il nomme *Temer,* qui servoit d'interprète; plusieurs marchands de Breslaw, de Pologne, d'Autriche,
l'accompagnèrent dans son voyage en Tartarie. D'autres
revinrent avec lui par la Russie; c'étoient des Génois,
des Pisans, des Vénitiens. Deux marchands de Venise
que le hasard avoit conduits à Bokhara, se laissèrent
aller à suivre un ambassadeur Mongol qu'Houlagou en-
voyoit à Khoubilaï. Ils séjournèrent plusieurs années
tant en Chine qu'en Tartarie, revinrent avec des lettres
du grand khan pour le pape, retournèrent auprès du
grand khan, emmenant avec eux le fils de l'un d'eux, le
célèbre Marc-Pol, et quittèrent encore une fois la cour
de Khoubilaï pour s'en revenir à Venise. Des voyages de
ce genre ne furent pas moins fréquens dans le siècle suivant. De ce nombre sont ceux de Jean de Mandeville,
médecin Anglais, d'Oderic de Frioul, de Pegoletti, de
Guillaume de Bouldeselle et de plusieurs autres. On peut

*Compte de la
recette et de la
dépense du trésor,
de 1296 à 1301;
manuscrit de la
Bibliothèque du
Roi.*

bien croire que ceux dont la mémoire s'est conservée ne
sont que la moindre partie de ceux qui furent entrepris, et qu'il y eut dans ce temps plus de gens en état
d'exécuter des courses lointaines que d'en écrire la relation.
Beaucoup de ces aventuriers durent se fixer et mourir dans
les contrées qu'ils étoient allés visiter. D'autres revinrent
dans leur patrie, aussi obscurs qu'auparavant, mais l'imagination remplie de ce qu'ils avoient vu, le racontant à
leur famille, l'exagérant sans doute, mais laissant autour
d'eux, au milieu de fables ridicules, des souvenirs utiles
et des traditions capables de fructifier. Ainsi furent dépo-
sées en Allemagne, en Italie, en France, dans les monas-
tères, chez les seigneurs et jusque dans les derniers rangs
de la société, des semences précieuses destinées à germer
un peu plus tard. Tous ces voyageurs ignorés, portant les
arts de leur patrie dans les contrées lointaines, en rappor-
toient d'autres connoissances non moins précieuses, et
faisoient, sans s'en apercevoir, des échanges plus avan-
tageux que tous ceux du commerce. Par-là, non-seulement
le trafic des soieries, des porcelaines, des denrées de l'Hin-
doustan, s'étendoit et devenoit plus praticable ; il s'ouvroit
de nouvelles routes à l'industrie et à l'activité commerciale :
mais, ce qui valoit mieux encore, des mœurs étrangères,
des nations inconnues, des productions extraordinaires,
venoient s'offrir en foule à l'esprit des Européens, resserré,
depuis la chute de l'empire Romain, dans un cercle trop
étroit. On commença à compter pour quelque chose la
plus belle, la plus peuplée et la plus anciennement civilisée
des quatre parties du monde. On songea à étudier les arts,
les croyances, les idiomes des peuples qui l'habitoient, et

il

il fut même question d'établir une chaire de langue Tartare dans l'université de Paris. Des relations romanesques,
bientôt discutées et approfondies, répandirent de toutes
parts des notiòns plus justes et plus variées. Le monde
sembla s'ouvrir du côté de l'Orient; la géographie fit un
pas immense : l'ardeur pour les découvertes devint la
forme nouvelle que revêtit l'esprit aventureux des Européens. L'idée d'un autre hémisphère cessa, quand le nôtre
fut mieux connu, de se présenter à l'esprit comme un
paradoxe dépourvu de toute vraisemblance; et ce fut en
allant à la recherche du *Zipangri* de Marc-Pol, que Chris-
tophe Colomb découvrit le nouveau monde.

Je m'écarterois trop de mon sujet en recherchant quels
furent, dans l'Orient, les effets de l'irruption des Mongols.
La destruction du khalifat, l'extermination des Bulgares,
des Komans et d'autres peuples septentrionaux; l'épuise-
ment de la population de la haute Asie, si favorable à la
réaction par laquelle les Russes, jadis vassaux des Tartares, ont à leur tour subjugué tous les nomades du Nord;
la soumission de la Chine à une domination étrangère,
l'établissement définitif de la religion Indienne au Tibet
et dans la Tartarie; tous ces événemens seroient dignes
d'être étudiés en détail. Je ne m'arrêterai pas même à
examiner quels peuvent avoir été pour les nations de
l'Asie orientale les résultats des communications qu'elles
eurent avec l'Occident. L'introduction des chiffres Indiens
à la Chine, la connoissance des méthodes astronomiques
des musulmans, la traduction du nouveau Testament et des
Psaumes en langue Mongole, faite par l'archevêque latin
de Khan-balikh, la fondation de la hiérarchie lamaïque,

formée à l'imitation de la cour pontificale, et produite par la fusion qui s'opéra entre les débris du nestorianisme établi dans la Tartarie, et les dogmes des Bouddhistes ; voilà toutes les innovations dont il a pu rester quelques traces dans l'Asie orientale, et, comme on voit, le commerce des Francs n'y entre que pour peu de chose. Les Asiatiques sont toujours punis du dédain qu'ils ont pour les connoissances des Européens, par le peu de fruit que ce dédain même leur permet d'en tirer. Pour me borner donc à ce qui concerne les Occidentaux, et pour achever de justifier ce que j'ai dit en commençant ces Mémoires, que les effets des rapports qu'ils avoient eus dans le XIII.ᵉ siècle avec les peuples de la haute Asie, avoient contribué indirectement aux progrès de la civilisation Européenne, je terminerai par une réflexion que je présenterai avec d'autant plus de confiance qu'elle n'est pas entièrement nouvelle, et que cependant les faits que nous venons d'étudier semblent propres à lui prêter un appui qu'elle n'avoit pas auparavant.

Cf. M. Langlès, Notes sur le Voy. de Thunberg, in-4.°, tom. II, pag. 332.
Dissert. sur les papiers - monnoie des Orientaux, dans les Mém. de l'Instit. classe de littérature et beaux-arts, tom. IV, pag. 115.

Avant l'établissement des rapports que les croisades d'abord, et plus encore l'irruption des Mongols, firent naître entre les nations de l'Orient et de l'Occident, la plupart de ces inventions qui ont signalé la fin du moyen âge, étoient depuis des siècles connues des Asiatiques. La polarité de l'aimant avoit été observée et mise en œuvre à la Chine dès les époques les plus reculées. Les poudres explosives ont été de tout temps connues des Hindous et des Chinois. Ces derniers avoient, au X.ᵉ siècle, des *chars à foudre* qui paroissent avoir été des canons. Il est difficile de voir autre chose dans les *pierriers à feu* dont il est si

Khang-hi tseu tian, au mot Pao, cl. CXII, tr. 16.

souvent parlé dans l'histoire des Mongols. Houlagou, partant pour la Perse, avoit dans son armée un corps d'artilleurs Chinois. D'un autre côté, l'édition *princeps* des livres classiques, gravée en planches de bois, est de l'an 952. L'établissement du papier-monnoie et des comptoirs pour le changer eut lieu chez les *Jou-tchin* l'an 1154. L'usage de la monnoie de papier fut adopté par les Mongols établis à la Chine (1); elle a été connue des Persans sous le nom même que les Chinois lui donnent (2), et Josaphat Barbaro apprit en 1450, d'un Tartare intelligent qu'il rencontra à Asof, et qui avoit été en ambassade à la Chine, que cette sorte de monnoie y étoit *imprimée* chaque année, *con nuova stampa;* et l'expression est assez remarquable pour l'époque où Barbaro fit cette observation. Enfin les cartes à jouer, dont tant de savans ne se seroient pas occupés de rechercher l'origine, si elle ne marquoit l'une des premières

Gaubil , Hist. de Gentchiscan , pag. 95 , 153 , 157 , 160, 207.

Journal des Savans, septembre 1820, p. 557.
Cf. Philosophic. Transact. 1750, pag. 327.
Gaubil, Hist. de Gentchiscan , pag. 144.
Recueil de Soucict, tom. I , pag. 192.
Malcolm, History of Persia, tom. I, p. 490.
Viaggio alla Persia, c. XIX, dans Ramusio, t. II, pag. 107 recto.

---

(1) La monnoie commune de Cathay est faite de papier de coton, grande comme la main, et ils y impriment certaines lignes et marques faites comme le sceau du cham. (Rubruq. chap. XXXIX.) — *Moneta magni cham non fit de auro vel argento, aut alio metallo; sed corticem accipiunt medium ab arbore mori, et hunc consolidant, atque in particulas varias et rotundas, magnas et parvas, scindunt, atque regale imprimunt signum.* (Marc-Pol, lib. II, cap. VII; éd. de Marsden, p. 353.) — *Moneta verò quæ in illis partibus expenditur, fit de papyro in forma quadrata, et est regali signo signata; et secundùm illud signum illa moneta* *est majoris pretii vel minoris, &c.* (*Hist. Orient.* cap. I; Pegoletti, dans Forster, tom. I, pag. 244.) Depuis la composition de ce Mémoire, M. Klaproth a rapporté, dans une dissertation très-curieuse *sur l'origine du papier-monnoie* (*Journal Asiatique,* tom. I.er, pag. 257), plusieurs faits tirés de l'histoire Chinoise, et qui montrent l'usage des monnoies de papier à des époques plus anciennes que le XII.e siècle.

(2) جﺎﻭ dans Mirkhond, cité par M. Langlès, *Dissertation sur le papier-monnoie des Orientaux* (*Mémoires de l'Institut, classe de littérature,* tom. IV, pag. 118).

applications de l'art de graver en bois, furent imaginées à la Chine l'an 1120.

Il y a d'ailleurs, dans les commencemens de chacune de ces inventions, des traits particuliers qui semblent propres à en faire découvrir l'origine. Je ne parlerai point de la boussole, dont Hager me paroît avoir soutenu victorieusement l'antiquité à la Chine, mais qui a dû passer en Europe par l'effet des croisades, antérieurement à l'irruption des Mongols, comme le prouvent le fameux passage de Jacques de Vitry et quelques autres. Mais les plus anciennes cartes à jouer, celles du jeu de tarots, ont une analogie marquée par leur forme, les dessins qu'elles offrent, leur grandeur, leur nombre, avec les cartes dont se servent les Chinois. Les canons furent les premières armes à feu dont on fit usage en Europe; ce sont aussi, à ce qu'il paroît, les seules que les Chinois connussent à cette époque. La question relative au papier-monnoie paroît avoir été envisagée sous son véritable jour par M. Langlès, et après lui par Hager. Les premières planches dont on s'est servi pour imprimer, étoient de bois, et stéréotypes comme celles des Chinois; et rien n'est plus naturel que de supposer que quelque livre venu de la Chine a pu en donner l'idée. Cela ne seroit pas plus étonnant que le fragment de Bible en lettres gothiques que le P. Martini trouva chez un Chinois de Tchang-tcheou-fou. Nous avons l'exemple d'un autre usage qui a manifestement suivi la même route; c'est celui du *Souan-pan* ou de la machine arithmétique des Chinois, qui a été sans aucun doute apportée en Europe par les Tartares de l'armée de Batou, et qui s'est tellement répandue en Russie et en Pologne, que les femmes du

Hist. Hierosol. cap. LXXXIX, in Collect. Bongars, p. 1166.

Dissertat. citée, Numismatique Chinoise, p. 94. Dissertation de M. Klaproth déjà citée.

Atlas Sinens. lat. pag. 121. Gall. pag. 153. Mull. Hebdom. observ. III, pag. 16 - 17.

peuple qui ne savent pas lire, ne se servent d'autre chose
pour les comptes de leur ménage et les opérations du petit
commerce. La conjecture qui donne une origine Chinoise
à l'idée primitive de la typographie Européenne, est si naturelle, qu'elle a été proposée avant même qu'on eût pu re-
cueillir toutes les circonstances qui la rendent si probable.
C'est l'idée de Paul Jove (1) et de Mendoça, qui pensent
qu'un livre Chinois put être apporté, avant l'arrivée des
Portugais aux Indes, par l'entremise des Scythes et des
Moscovites. Elle a été développée par un Anglais ano-
nyme; et si l'on a soin de mettre de côté l'impression en
caractères mobiles, qui est bien certainement une inven-
tion particulière aux Européens, on ne voit pas ce qu'on
pourroit opposer à une hypothèse qui offre une si grande
vraisemblance.

*P. Jov. Hist.
sui temporis, lib.
XIV, pag. 284,
tom. I de ses
œuvres complèt.
Basil. 1578, fol.
Histoire de la
Chine, liv. III,
chap. XVI.
Philosophical
Transactions,
u. s.*

Mais cette supposition acquiert un bien plus haut degré
de probabilité, si on l'applique à l'ensemble des découvertes
dont il est question. Toutes avoient été faites dans l'Asie
orientale; toutes étoient ignorées dans l'Occident: la communication a lieu; elle se prolonge pendant un siècle et
demi, et, un autre siècle à peine écoulé, toutes se trouvent
connues en Europe. Leur source est enveloppée de nuages.
Le pays où elles se montrent, les hommes qui les ont
produites, sont également un sujet de doutes: ce ne sont
pas les contrées éclairées qui en sont le théâtre; ce ne sont
point des savans qui en sont les auteurs: des gens du peuple,

---

(1) *Cujus generis volumen à rege
Lusitaniæ cum elephante dono missum
Leo P. humaniter nobis ostendit, ut
hinc facilè credamus hujus artis exem-
pla, antequam Lusitani in Indiam
penetrarent, per Scythas et Moscovi-
tas ad incomparabile litterarum præsi-
dium ad nos pervenisse.*

des artisans obscurs, font coup sur coup briller ces lumières inattendues. Rien ne semble mieux montrer les effets d'une communication, rien n'est mieux d'accord avec ce que nous avons dit plus haut de ces canaux invisibles, de ces ramifications inaperçues, par où les connoissances des peuples Orientaux avoient pu pénétrer dans notre Europe. La plupart de ces inventions se présentent d'abord dans l'état d'enfance où les ont laissées les Asiatiques; et cette circonstance nous permet à peine de conserver quelques doutes sur leur origine. Les unes sont immédiatement mises en pratique; d'autres demeurent quelque temps enveloppées dans une obscurité qui nous dérobe leur marche, et sont prises, à leur apparition, pour des découvertes nouvelles. Toutes, bientôt perfectionnées et comme fécondées par le génie des Européens, agissent ensemble et communiquent à l'intelligence humaine le plus grand mouvement dont on ait conservé le souvenir. Ainsi, par ce choc des peuples, se dissipèrent les ténèbres du moyen âge. Des catastrophes, dont l'espèce humaine sembloit n'avoir qu'à s'affliger, servirent à la réveiller de la léthargie où elle étoit depuis des siècles, et la destruction de vingt empires fut le prix auquel la Providence accorda à l'Europe les lumières de la civilisation actuelle.

RECUEIL

DES LETTRES ET PIÈCES DIPLOMATIQUES

DES PRINCES MONGOLS.

N.° I.er

LETTRE de Batchou-nouyan au Pape.

[Voyez *ci-dessus*, pag. 31.]

DISPOSITIONE divina, ipsius Chaan transmissum, Baiothnoy verbum.

Papa, ita scias : tui nuncii venerunt et tuas litteras ad nos detulerunt. Tui nuncii magna verba dixerunt. Nescimus utrum injunxeris' eis ita loqui, aut a semetipsis dixerunt; et in litteris taliter scripseras : *Homines multos occiditis, interimitis et perditis.* Præceptum Dei stabile et statutum ejus qui totius faciem orbis continet, ad nos sic est : Quicumque statutum audierint, super propriam terram, aquam et patrimonium sedeant, et ei qui faciem totius orbis continet virtutem *[servitutem]* tradant. Quicumque aut præceptum et statutum non audierint, sed aliter fecerint, illi deleantur et perdantur. Nunc superbum istud statutum et præceptum ad vos transmittimus. Si vultis super terram vestram, aquam et patrimonium sedere, oportet ut, tu Papa, in propria persona ad nos venias, et ad eum qui faciem totius terræ continet, accedas. Et si tu præceptum Dei stabile et illius qui faciem totius terræ continet non audieris, illud nos nescimus, Deus scit. Oportet ut, antequam venias, nuncios præmittas, et nobis significes si venis aut non ; si velis nobiscum componere, aut inimicus esse : et responsionem præcepti cito ad nos transmittas.

Istud præceptum per manus Aybeg et Sargis misimus mense julii, xx die Junationis. In territorio sitiens castri scripsimus (1). (Vinc. Bellov. *Specul. histor.* lib. XXXI, cap. LI. — *Voyage d'Ascelin,* pag. 80.)

N.° II.

ORDRE du Khakan, transmis au Pape par Batchou-nouyan.

[Voyez *ci-dessus*, pag. 31.]

PER præceptum Dei vivi, Chingiscan, filius Dei dulcis et venerabilis, dicit quod Deus excelsus super omnia. Ipse Deus immortalis, et super terram Chingiscan solus Deus. Volumus istud ad audientiam omnium in omnem locum pervenire, provinciis nobis obedientibus et provinciis nobis rebellantibus. Oportet igitur te, o Baiothnoy, ut excites eos et notifices eis quod hoc est mandatum Dei vivi et immortalis. Incessanter quando innotescas eis super hoc petitionem tuam, et innotescas in omni loco hoc meum mandatum, ubicumque nuncius poterit devenire. Et quicumque contradixerit tibi, venabitur, et terra ipsius vastabitur. Et certifico te quod quicumque non audierit hoc meum mandatum erit surdus, et quicumque viderit hoc meum mandatum et non fecerit, erit cæcus, et quicumque fecerit secundum istius meum judicium cognoscens pacem et non facit eam, erit claudus. Hæc mea ordinatio perveniat ad notitiam cujuslibet ignorantis et scientis. Quicumque quando audierit et observare neglexerit, destruetur, perdetur, et morietur. Manifestes igitur istud, o Baiothnoy; et quicumque voluerit utilitatem domûs suæ, et prosecutus illud fuerit, et voluerit nobis servire, salvabitur

(1) Au mois de juillet, le xx de la lune (Ascelin).

et honorabitur. Et quicumque audire istud contradixerit, secundum voluntatem tuam faciens, eos corripere studeas. (Ascelin, pag. 80. — Vincent. Bellov. *ubi suprà.*)

N.º III.

LETTRE apportée à S. Louis par les Envoyés d'Ilchi-khataï.

[Voyez *ci-dessus*, pag. 47.]

PAR la puissance du tres-hault roy de Tharse et prince de plusieurs provinces, le plus noble combateur du monde, glayve de la crestienté et deffendeur de la religion des appostres, au noble roy de France, seigneur et maistre des crestiens, salut. Nostre seigneur croisse ta seigneurie et ton royaulme; ta voulenté accomplisse en sa loy, et te doint par la vertu divine ton peuple garder par les prieres des prophetes et des appostres, et moy cent mil benedictions et cent mil salus te mande par ses lettres, et te prie que tu recepves en gre ses salus. Car c'est moult grant chose que tel seigneur te mande salut. Nostre entention est de faire le proffit de la crestienté. Je prie et requier a Dieu qu'il doinst victoire a lost des crestiens, et surmonte et abesse tous ceulx qui desprisent la vraye croix. Dieu exauce le roy de France et accroisse sa hautesse, si que chascun le voye. Nous voulons que par toutes nos seigneuries et nos places, que tous crestiens soient francs et dehors de servage, et voulons qu'ilz soyent tous quittes, et voulons que les eglises destruites soient refaittes, et que len sonne les cloches, et que tous crestiens puissent aller et venir parmy notre royaulme. Et pour ce, Dieu nous a donné grant grace de garder la crestienté. Nous avons envoye ces lettres par nos loyaulx messagers lesquelz et auxquelz nous adjoustons foy, Marc et Alphac, pour ce que ilz nous apportent de bouche comment les choses se portent envers vous. Recepvez nos lettres et nos paroles, car

Y

elles sont vrayes. Celuy qui est roy du ciel vueille que bonne paix et bonne concorde soit entre les Latins et les Grecs, et entre les communs victorieux Jacobins et entre trestous ceulx qui aourent la croix ! ce averons a Dieu que il ne face division entre nous et les crestiens. (*Chron. de Saint-Denis, Règne de S. Louis*, ch. XLIII.)

N.º IV.

LETTRE remise à André de Lonjumel, sous la régence d'Ogoul-gaïmisch.

[Voyez *ci-dessus*, pag. 55.]

BONNE chose est de pez ; quar en terre de pez manguent cil qui vont à quatre piez l'erbe pesiblement; cil qui vont a deus, labourent la terre dont les biens viennent passiblement. Et ceste chose te mandons nous pour toy aviser. Car tu ne peus avoir pez se tu ne l'as a nous. Et tel roy et tel *(et moult en nommoient)*, et touz les avons mis a l'espée. Si te mandons que tu nous envoies tant de ton or et de ton argent chascun an que tu nous retieignes a amis. Et se tu ne le fais, nous destruirons toy et ta gent, comme nous avons fait ceulz que nous avons devant nommez. (Joinville, édit. du Louvre, pag. 102.)

N.º V.

LETTRE de Mangou-khan au Roi de France.

[Voyez *ci-dessus*, pag. 59.]

LES commandemens du ciel éternel sont tels : Il n'y a qu'un Dieu éternel au ciel, et en terre qu'un souverain seigneur, Cingis-khan, fils du Ciel.

Voici les paroles que l'on vous fait savoir : nous tous qui sommes en ce pays, soit Mongols, soit Naïmans, soit Merkites, soit Musulmans, par-tout où oreilles peuvent entendre, et où chevaux peuvent aller, faites savoir nos commandemens. Et tous ceux qui les auront entendus et compris, et ne les voudront pas croire ni observer, mais plutôt entreprendront de mettre armées en campagne contre nous, ils auront des oreilles, et n'entendront pas ; ils auront des yeux, et ne verront pas ; et s'ils veulent prendre, ils n'auront pas de mains, et s'ils veulent marcher, ils n'auront pas de pieds. Tels sont les commandemens du Dieu éternel, et tout cela sera accompli par la puissance du Dieu éternel, et du Dieu d'ici-bas, seigneur des Mongols.

Commandement de Mangou-khan à Louis roi de France, et à tous les autres seigneurs et prêtres, et à tout le grand peuple du royaume de France, afin qu'ils puissent entendre mes paroles. Les commandemens du Dieu éternel ont été faits à Cingis-khan, et ne sont pas encore parvenus jusqu'à vous.

Un certain David a été vous trouver, comme ambassadeur des Mongols ; mais c'étoit un menteur et un imposteur. Vous avez envoyé avec lui vos ambassadeurs à Gayouk-khan, après la mort duquel ils sont arrivés à la cour. Et sa veuve, Gaïmisch, vous envoya par eux une pièce de drap de soie de *Nasik*, avec des lettres. Mais, pour ce qui est des affaires de la paix et de la guerre, et du bien de cet état, comment cette méchante femme, plus vile et plus abjecte qu'une chienne, eût-elle pu en savoir quelque chose !

Deux moines sont venus de votre part vers Sartak, qui les a envoyés à Batou, et Batou ici, parce que Mangou-khan est le plus grand roi et empereur des Mongols. Mais maintenant, afin que tout le monde, tant prêtres que moines, et tous autres, puissent vivre en paix, et se réjouir d'entendre les célestes commandemens, nous eussions bien voulu envoyer nos ambassadeurs vers vous avec vos prêtres ; mais ils nous ont fait entendre qu'entre ci et là il y a plusieurs pays en guerre, des nations fort belliqueuses, et des chemins difficiles et dangereux : si bien qu'ils craignoient que nosdits ambassadeurs ne pussent aller sûrement jusque-là; mais qu'ils s'offroient de porter nos lettres, contenant nos commandemens au roi Louis. Ainsi donc nous vous avons envoyé les célestes commandemens par vos prêtres ; et quand vous les aurez entendus, vous les croirez. Si vous vous disposez à nous obéir, vous nous enverrez vos ambassadeurs, pour nous assurer si vous voulez avoir paix ou guerre avec nous. Et quand, par la puissance du ciel, tout le monde sera en paix et en joie, alors on verra ce que nous ferons. Et si vous méprisez les ordres du ciel, et si vous ne voulez pas les entendre ni les croire, en disant que votre pays est bien éloigné, vos montagnes bien hautes et bien fortes, et vos mers bien grandes et bien profondes, et qu'en cette confiance vous veniez faire la guerre contre nous, pour éprouver ce que nous savons faire, celui qui peut rendre les choses difficiles aisées, et qui peut approcher ce qui est éloigné, sait bien ce que nous pourrons faire. (*Relation* de Rubruquis, c. XLVIII.)

N.º VI.

Lettre d'Argoun au Pape Honoré IV.

[Voyez *ci-dessus*, pag. 98.]

In Christi nomine, amen. Gratia magni Can et verbum de Argonum, domino sancto Papa patri. — Gingiscan primo patri omnium Tartarorum, et serenissimo domino rege Francorum, et serenissimo domino rege Carolo, præceptum sum omnium christianorum, non dentur aliquid de tributum et fiant franchi in sua terra. Magnus Cam fecit gratiam ad Ise turciman. Roba et tus quod mixti ad ordo can Argum, et prædictus Ise turciman servitus istis partibus donec compleantur esset corde et Bogagoc, et Mengelic, et Thomas Banchrui et Ugeto turciman prædictis miximus in ista ambascata si esset ad principium.

Nostra prima mater erat christiana. Magnus cam nostrum bonum patrem Alaum, et bonus Abaga filius ejus, quod custodiebantur omnium christianorum in terra sua, et posse suo, et nobis domino sancto patri potestis intelligere. Et modo Cobla cam, sicut erat primum principium, fecit gratiam. Et habui in corde voluntatem vel pensamentum ad domino sancto patri Papa mittantur robas vel vestimentas et tus. Et nos Argoni præceptum de Cam, sicut erat mox terra christianorum, faciebimus gratia, et habuerimus in nostra custodia. Et habemus in pensamentum de eos custodire et facere gratiam. Anno præterito Ameto erat intratus in moribus Saracinorum, et terra christianorum, quod non custodi. Et ideo venit tarde nostris ambascatoribus, at sciat modo, quod terra Saracinorum non sciat nobis in medium nostrum bonum patrem, nos qui sumus in istis partibus, et vobis qui estis in vestris partibus terram Scami inter nos et vos estrengebimus. Vobis mittimus mesaticis supradictis, et vos quod mixistis pasagium et prælium in terram Ægypti, et sciat modo nos de istis partibus, et vos de vestris partibus estrengebimus in medium cum bonis hominibus, et mittatis nobis per bonum hominem, ubi vultis quod sciat prædictum factum. Saracenis de medio nostri levabimus dominus sciat et dominum Papa et Cam. Nostra litera anno de Gallo, de luna madii die XVIII. in coris. (Oder. Raynald. tom. XIV, pag. 381, a. 1285, n. LXXIX. — Cf. Mosheim, *Hist. eccl. Tartar. app.* n. XXV, pag. 84.)

N.º VII.

LETTRE d'Argoun (1) *à Philippe-le-Bel.*

[Voyez *ci-dessus*, pag. 105.]

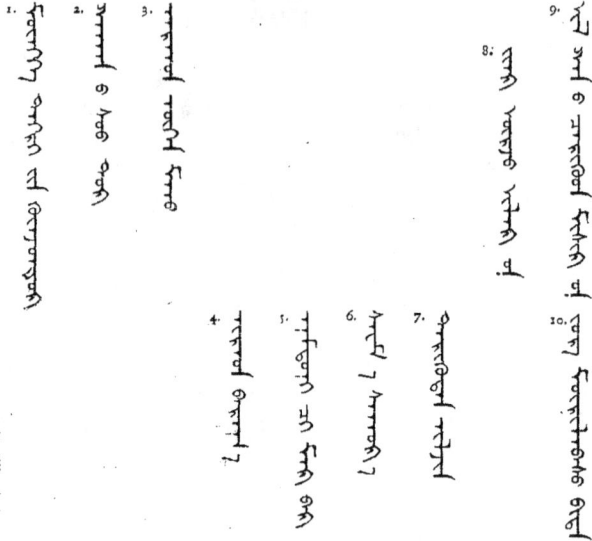

(1) Comme cette lettre, et celle qu'on trouvera plus bas, sous le n.º IX, sont du nombre des monumens les plus singuliers qu'on puisse découvrir, et qu'elles sont d'ailleurs de la plus haute importance pour les questions historiques que j'ai traitées dans ces Mémoires, je n'ai pas dû me borner à la transcription qu'on voit ici, et plus bas, *pag. 175*, parce que l'usage des lettres Tartares, telles que notre typographie les possède, a nécessairement altéré la forme de l'écriture des originaux, et, jusqu'à un certain point même, leur orthographe. J'ai voulu d'ailleurs que les personnes versées dans la connoissance du mongol eussent sous les yeux ces deux pièces dans leur état primitif, et pussent rectifier les erreurs que j'ai peut-être commises en les lisant et en les transcrivant. En conséquence, je les donne sur les planches jointes à ce Mémoire, copiées avec

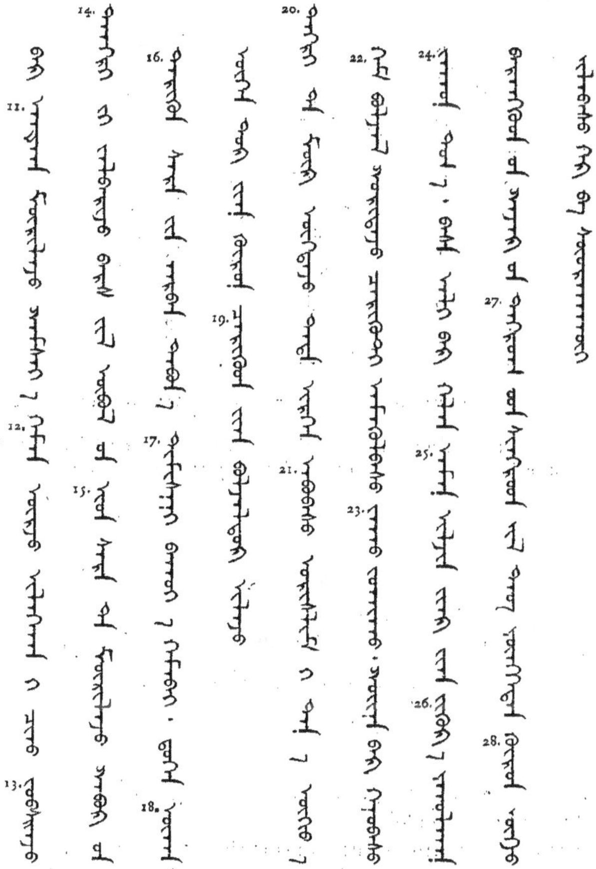

toute la fidélité que le procédé lithographique a comportée. Le seul changement que je me sois permis d'y faire, est le rapprochement des lignes, qui, dans les originaux, sont beaucoup plus écartées. Le *fac-simile* eût occupé beaucoup trop d'espace, si l'on avoit poussé le scrupule jusqu'à conserver cette disposition.

Copié sur l'original conservé aux Archives royales, J. 776.

Nota. La transcription en caractères modernes des six caractères antiques qui se lisent sur le sceau dont cette pièce est marquée, se trouve ci-dessus, pag. 116.

N.º VIII.

NOTE DIPLOMATIQUE remise, avec la Pièce précédente, par l'Ambassadeur Busquarel.

[Voyez *ci-dessus*, pag. 117.]

CI est la messagerie de Busquarel message dArgon faite en lan du buef du Condelan

Premierement Argon fait assavoir au roy de France, comme a son frere, que en toutes les provinces dorient entre Tartars, Sarrazins et toute autre langue, est certainne renommee de la grandesse, puissançe et loyaute du royaume de France, et que les roys de France qui ont este à leurs barons, a leurs chevaliers et a leur puissance, sont venu pluseurs fois en leide et

conquesie

conqueste de la terre sainte, a lonneur du fils de la vierge Marie
et de tout le peuple crestien. Et fait assavoir ledit Argon audit
roy de France comme a son frere que son corps et son host
est prest a amitie daler au conqueste de ladite sainte terre , et
de estre ensemble avec le roy de France en cest benoit service.

Et je Busquarel devant dit message dArgon dy que se vous
roys de France venez en personne en cest benoit service, que
Argon y amenra deux roys crestiens Gorgiens qui sont sous sa
seignourie et qui de nuit et de jour prient Dieu destre en cest
bien hoeureus service et on bien pooir damener avec eux xx^m
hommes de cheval et plus.

Encore dy je que pour ce que Argon a entendu que grieve
chose est au roy de France et a ses barons de passer p. mer
tant de chevaus comme mestier est a euls et a leur gent, ledit
roy de France porra recouvrer dArgon, se il en a mestier et il
len requiert, xx^m ou xxx^m chevaux en don ou en convenable
pris.

Item, se vous, mons. le roy de France, voulez, Argon vous fera
appareiller pour cest benoit service par toute la Turquie bestail
menu et bues, vaches et chamaux, grains et farine, et toute autre
vitaille que len porra trouver a votre volente et mandement.

Item, cy poez voir bonnes enseignes et grant presomption de
la bonte dArgon ; car sitost comme il entendy que Tryple fu prinse
de Sarrasins et qu'il avoit grans barons Sarrasins desouz sa seignourie qui liez estoient et faisoient joie du damage qui estoit
avenu aus crestiens, il fist amener devant li quatre de touz les
plus grans et les plus puissans barons Sarrasins qui fustent en sa
seignourie et les fist tailler presentement, et ne souffry que les
corps en fussent enterre , mais voust et commanda que len les
laissast illuecques mengier aus chiens et aus oisiaux.

Item, que tantost que ledit Argon ot sa suer mariee au filz
le roy Davi de Gorgie, il la fist tantost presentement crestien-
ner et lever.

Item, que cesti jour de pasque prochainement passe ledit Argon fist chanter en une chapelle qu'il fait porter a soy a Raba-

Z

nata evesque nectorin que lautre an vous vint en message, et fist
illuecques presentement devant li accomenier et recevoir le saint
sacrement de lautel pluseurs de ses barons Tartars.

Encore, sire, vous fait assavoir ledit Argon que les vos grans
messages que vous antan li envoiastes ne li voudrent faire redevance ne honneur tels comme il est acoustume de faire de toutes
mennieres de gens, roys, princes et barons qui en sa cour viennent.
Car, sicomme il disoient, il ne feroient pas votre honneur dage-
noiller soy devant li pour ce quil nestoit mie baptise ne leve
crestien, et si les en fist-il par trois fois requerre par ses grans
barons; et quant il vit qu'il nen voloient autre chose faire, il les
fist venir en la maniere qu'il voudrent et si leur fist grant joie
et mout les honnoura sicomme il meismes scevent. Si vous fet
assavoir, sire, ledit Argon que se ledit votre message firent ce
par votre commandement, il en est touz liez, car tout ce qui
vous pleist li plait ausing, priant vous que se vous li envoiez
yceuls ou autres messages, que vous voulliez souffrir et comman-
der leur que il li facent tele reverence et honneur comme cous-
tume et usage est en sa court sanz passer feu.

Et je Busquarel devant dit message d'Argon offre mon corps,
mes freres, mes enfans et tout mon avoir a mettre tout nuit et
jour au service de vous mons.' le roi de France, et vous promet que se vous voles envoier messages audit Argon, que ie
les menrai et conduirai a mains la moitié de despens, travail,
peril et doubte que il mont este quant a vous plaira.

Collationné sur trois copies conservées aux Archives royales,
J. 776.

N.º IX.

LETTRE d'Œldjaitou soultan à Philippe-le-Bel.

[Voyez *ci-dessus*, pag. 132.]

ᠪᠢᠴᠢᠭᠡ ᠨᠢ ᠬᠠᠭᠠᠯᠭᠠᠨ ᠬᠡᠮᠡᠭᠦ᠂

22.

ᠲᠠᠷᠤᠢᠨ

ᠪᠢᠴᠢᠭᠦ ᠳᠡᠷᠡ ᠬᠠᠭᠠᠯᠭᠠᠨ ᠬᠡᠮᠡᠭᠦ᠂

20.

ᠲᠠᠷᠤᠢᠨ

11.

23.

24.

25.

26.

27.

28.

29.

30.

31.

32.

33.

34.

35.

36.

Copié sur l'original conservé aux Archives royales, J. 776.

Nota. On trouvera ci-dessus, pag. 134, la transcription, en caractères modernes, des dix caractères Chinois antiques inscrits sur le sceau dont cette pièce porte l'empreinte. Je dois avertir qu'il reste quelque doute sur la transcription du cinquième, dans la lecture duquel j'ai été principalement guidé par le sens.

N.º X.

TRADUCTION ITALIENNE de la Pièce précédente, écrite au revers de l'original.

La paraula d'Olgaitu soldano al re di Francia.

A li tempi pasati, voi signiori franchi, al tempo di nostri auioli, e del mio buono padre, del mio buono frate, auiano amistansa e benvogliensa insieme : e s' elli erano de la larga, la buona uolonta si era d'apress, e tute le uostre buone nouelle, e de la uostra sanita, e di uostri presenti non falino mai in franchi. Or domene dio si ci a dato forsa che io si sono asetato in del gran segio, e segondo chome e stato per lo tempo pasato di mio auiolo e di mio padre, e di mio frate, li lor commendamenti noi li abiamo atenuti, sichome elli erano, e segondo li lor asetamenti ch' elli auiano fatti, qusi li avemo noi atenuti, e quello ch' elli auiono parlato e promesso con li signori e con li baroni, quelle paraule noi l'abiamo come saramento. El nostro pensamento sie di cresciere l'amista pio asai che non ne istata. Or qui in dirieto e li nostri messagi non falino da voi a noi ora d' aqui avanti. Per paraula che parlaseno male persone, noi sangue d'Ianchischano gia xlv anni abiamo auto nimista insieme e guerra : Dio si ci a divisati. In dirita via Damur, imperador de li Tartari, e Ciapar imperador, e Tochetai imperador, e Doua imperador si siemo tuti acordati, e fato pace insieme, da unde lo sole si leva, in fine ale vostre confine. Si avemo legati li nostri chavalli per li messagi che vadano e vegniano. Or qualunqua persona fusse che pensase mal per noi, noi seremo tuti insieme lor adosso; e pro l'a mistansa de li nostri buoni antesisori ch' elli aviamo con voi insieme, chome la poteremo noi lasare ne dimentichare! E per cio vo mando Tomaso mio iulduci con questa imbasciata, e Mamalac, e lo rimanente del nostre paraule, elli ve la dirano a bocha.

A noi si e fatto antendere che voi signori franchi siete tuti acordati insieme, e fato pace. De la qual chosa abiamo auto gran allegressa, che al modo nonne si buona chosa come la pace. Oramai intra voi e noi, chi non fara li nostri chomandamenti, con la forsa di Dio, si seremo insieme una cosa edremo lor adosso, e poi sera quello che a Dio piacera.

Iscrita in mugiano in de la incarnasione di Nostro-Signior Iezu-Christo anni mcccvj, die v aprilis in mogano.

Errata pour le premier Mémoire. Pag. 59, ligne 18, *au lieu de* décembre 1252, *lisez* décembre 1253.

Pl. I.

COPIE FIGURÉE

de la lettre écrite par Argoun *à* Philippe le Bel, *en* 1289

(*Rec. des Pièces diplomatiques Mongoles, N. VII.*)

ᠬᠣᠶᠠᠷ ᠲᠠᠭᠢᠭᠤᠯᠬᠤ ᠪᠤᠯᠤᠨ ᠪᠤᠢ

ᠨᠢᠭᠡᠨ ᠦ ᠨᠢᠭᠡ ᠪᠤᠯᠤᠨ ᠨᠢᠭᠡᠨ ᠦ

ᠨᠢᠭᠡᠨ ᠬᠡᠯᠡᠬᠦ ᠪᠤᠶᠤ

ᠬᠡᠯᠡᠬᠦ ᠪᠡᠷ ᠪᠤᠢ

ᠨᠢᠭᠡᠨ ᠳᠠᠭᠤᠤ

ᠪᠤᠯᠤᠨ ᠢ ᠪᠤᠢ

Pl. II

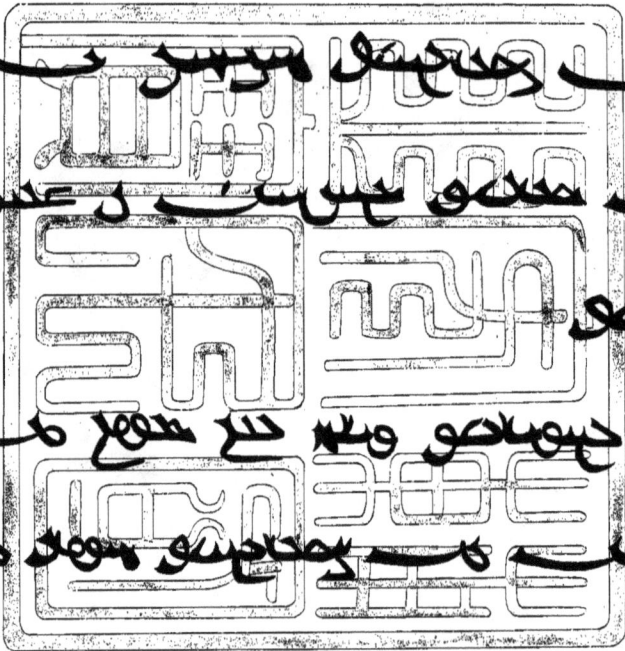

S

L

ᠰᠠᠮᠠᠨ ᠮᠡᠷᠭᠡᠰᠡᠯ ᠂

ᠢᠯᠠ ᠳᠡᠭᠡ ᠳ᠋ᠡᠭᠡᠬᠦ ᠰᠠᠷᠠ ᠪᠠᠷ ᠬᠡᠬᠡᠨ ᠂

ᠬᠡᠬᠡᠷ ᠳᠡ ᠬᠠᠭᠤᠷ ᠂ ᠬᠠᠨ ᠬᠠᠮ ᠰᠠᠮ ᠂

ᠢᠷ ᠂ ᠤ ᠪᠠ ᠬᠠᠭᠤᠷᠠᠨ ᠂ ᠳᠡᠯ ᠤᠷᠠᠨ ᠂

ᠬᠡᠷᠡᠭᠦ ᠬᠡᠯ ᠶᠠᠭᠤᠮᠡᠨ

COPIE FIGURÉE
de la lettre écrite par Oldjaïtou - Soultan *à* Philippe le Bel, *en* 1305

(Rec. des Pièces diplomatiques Mongolos, Pl. IX.)

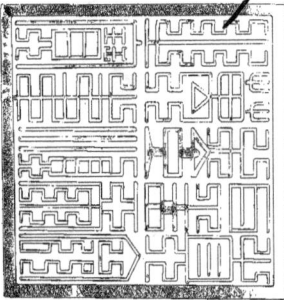

ܪܝܫ ܦܘܩܕܐ

ܟܠܢܫܐ ܢܫܬܡܥ ܠܫܘܠܛܢܐ ܪܒܐ ܡܛܠ ܕܠܝܬ ܫܘܠܛܢܐ ܐܠܐ ܡܢ ܐܠܗܐ܂
ܘܗܢܘܢ ܕܐܝܬܝܗܘܢ ܡܢ ܐܠܗܐ ܣܝܡܝܢ ܐܢܘܢ ܂ ܡܢ ܕܩܐܡ ܗܟܝܠ ܂
ܠܘܩܒܠ ܫܘܠܛܢܐ ܠܘܩܒܠ ܦܘܩܕܢܐ ܕܐܠܗܐ ܩܐܡ ܂ ܘܗܠܝܢ ܕܩܝܡܝܢ
ܕܝܢܐ ܠܢܦܫܗܘܢ ܢܣܒܝܢ ܂ ܙܕܝܩܐ ܓܝܪ ܠܐ ܗܘܐ ܕܚܠܬܐ ܐܢܘܢ ܠܥܒܕܐ
ܛܒܐ ܐܠܐ ܠܒܝܫܐ ܂

ܨܒܐ ܐܢܬ ܕܝܢ ܕܠܐ ܬܕܚܠ ܡܢ ܫܘܠܛܢܐ ܂ ܥܒܕ
ܛܒܬܐ ܘܬܩܒܠ ܡܢܗ ܩܘܠܣܐ ܂ ܡܛܠ ܕܡܫܡܫܢܐ ܗܘ ܕܐܠܗܐ ܐܠܐ
ܐܢ ܒܝܫܬܐ ܥܒܕ ܐܢܬ ܕܚܠ ܂ ܠܐ ܗܘܐ ܓܝܪ ܣܪܝܩܐܝܬ
ܐܣܝܪ ܒܣܝܦܐ ܂ ܡܫܡܫܢܐ ܗܘ ܓܝܪ ܕܐܠܗܐ ܘܬܒܘܥܐ ܕܪܘܓܙܐ

www.ingramcontent.com/pod-product-compliance
Lightning Source LLC
Chambersburg PA
CBHW052033270326
41931CB00012B/2466